ちくま学芸文庫

# チョムスキー言語学講義

## 言語はいかにして進化したか

ノーム・チョムスキー
ロバート・C・バーウィック
渡会圭子 訳



筑摩書房

チョムスキー言語学講義■目次

# チョムスキー言語学講義——言語はいかにして進化したか

# 第1章　なぜ今なのか？

　人は泣きながら生まれてくる。その泣き声は言語のめばえを知らせるものだ。ドイツの乳児はドイツ語の抑揚で泣く。フランスの乳児はフランス語の抑揚で泣く。これはどうやら胎内で獲得するもののようなのだ(1)。生後ほぼ一年以内に、子どもは母語の音声システムを身につけるようになる。そしてさらに何年かが過ぎると、そばにいる人と会話をしている。どんな人間言語でも獲得するという、ヒトという種が持つこのすばらしい能力――〝言語機能〟――は、ずっと以前から重大な生物学的問題を投げかけている。たとえば、言語の本質とは何か。どのような働きを持つのか。どのように進化したのか。

　本書はこの三つ目の問題、つまり言語の進化を扱っている。逆の主張がなされているが、二〇世紀半ばに生成文法が生まれたときから、言語の進化には常に強い関心が向けられていた。生成文法はそれまでになかった、言語（文法）について明確に説明しようとする試みであり、それが説明しているものを、私たちは〝言語の基本特性〟と呼ぶ。言語は無限の表現を生み出す有限の計算システムで、その表現一つ一つに意味 - 語用、そして感覚 - 運動システム（一般には思考と音）上のはっきりした解釈がある。この問題に初めて取り組んだときには、途方もない仕事に思えた。言語学者たちが構築した文法はかろうじて筋が通るという代物で、その結果は複雑すぎて、当時はとてもそれが進化しうるものとは考えられなかった。そのため、いくつか注目すべき例外があったものの、言語の進化についての議論はほとんど発表されなかった。それについては後述しよう。

では何が変わったのか。まず言語理論がじゅうぶんに発達した。複雑な言語規則体系はいまや過去のものだ。それらはより単純で、進化しうると思えるアプローチに変わっている。また言語に関わる重要な生物学的要素、特に〝外在化〟と呼ぶシステムの一部を構成する、音声学習と発話における〝入力 - 出力〟システムが生物学的、遺伝学的に明らかになった。おかげで言語のより中心的な特性に取り組むにあたって〝分割統治〟戦略を効果的に使い、外在化の感覚 - 運動的な面をいったん脇に置くことができる。

必要な証拠がないために多くのことがわからないままとはいえ、過去二〇年間の言語理論の発達で、言語の起源の諸側面について多くのことが解明された。特に現在、人間言語の主要な要素——言語の統辞法を駆動する基本エンジン——は、ほんの二、三〇年前に考えられていたよりはるかに単純だと断定できる根拠が見つかっている。これは進化生物学と言語学の両方にとって歓迎すべき結果だ。〝表現型〟（〝目に見える〟外見の性質）の定義が細かく明確であればあるほど、その表現型がどう進化したか、生物学的に深く理解できる——そして同じように、言語を持たない他の種と人間との差が小さくなる——ことは、生物学者の間ではよく知られている。いまや表現型が明確に定義されているので、言語の進化についてのダーウィン流の説明に最初からつきまとっていたジレンマの解決に着手できるのだ。これはさまざまな場所で〝ダーウィンの問題〟と呼ばれている。あるいはもっと正確に、自然選択による進化を同時期に発見したアルフレッド・ラッセル・ウォレスの名をとって〝ウォレスの問題〟と呼ぶべきかもしれない。ウォレスは人間の言語についてのどんな主張も、従来のダーウィンの適応主義から説明するのは難しいことを初めて指摘した。どの生物学的機能をとっても、言語を持たない種がすでに対応しているからだ(2)。

言語が進化論による説明に大きな難題を突き付けているのはたしかだ。まずダーウィン主義的な考え方では、わずかな変化が連続的に起こりながら分岐していくとされる。一方で、人間以外の動物は言語を持たないので、人間と人間以外の種のあいだには生物学的な飛躍があり、リンネとダーウィンの自然は飛躍をなさずという原則に反しているように思える。「自然選択は継続的な小さな変化を利用することによってのみ起こる。決して飛躍せず、少しずつゆっくりとした段階を踏んで進む」(3)。私たちはこの継続と変化をめぐるダーウィンのジレンマは解決できると、固く信じている。それが本書の大きな目的の一つだ。

ダーウィン説の何が問題なのか。著書『人間の由来』（一八七一）では、ごく微小な変化と継続性という強力な原理からそれることなく、ダーウィン自身が言語の進化における〝カルーソー〟理論を提唱している［エンリコ・カルーソーは高名なテノール歌手］。よりうまく鳴けるオスがメスによって交尾の相手として選択され、クジャクの羽のように、さらに発声器官に磨きがかかる(4)。発声能力の向上が脳のサイズの増大とともに進み、そこから言語が生まれた。頭の中の思考に使われる言語だ。

声がより多く使われるようになると、使用効果の遺伝の原則によって、発声器官はさらに強化、完成された。そしてそれが話す力に影響したかもしれない。しかし言語の継続使用と脳の発達の関連のほうが、はるかに重要だったのは間違いない。不完全な形式の話し言葉が使われるようになる前に、人間の初期の祖先の知能は現存するどの類人猿よりも高度に発達していたに違いない。しかしこの能力の継続的な使用と進歩が心に影響し、長い連続的な思考を可能にして、さらに高めたと考えるべきかもしれない。長く複雑な連続的思考が、（声に出しても黙っていても）言葉の助けなしにはできないのは、数字や代数を使わずに長い計算ができないのと同じだ。[5]

ダーウィン流のカルーソー理論がこのところ復活の様相を見せている。本書の著者の一人であるバーウィックは、一九九六年にエディンバラで行なわれた第一回言語進化会議《エボラング》で、韻律構造の現代の言語理論に基づいて、これまでの説を発展させた。[6] ごく最近では、誰よりもダーウィンの〝音楽祖語〟理論支持の立場で論を唱えているのがフィッチだ。[7] 彼が述べているように、ダーウィンの理論は多くの意味で、きわめて先見性に富み現代的だった。先の引用文に書かれている、言語は思考と密接に関わっているというダーウィンの見解には、私たちも賛同している。古神経学者のハリー・ジェリソンの言葉を借りると言語は〝内的な心的道具〟なのだ。[8] 第3章では、この立場を支持する言語学的な経験的証拠を見てみたい。

一部の主張とは逆に、言語の進化を〝ダーウィンの問題〟として議論することが、一九九〇年代にそれが復活するまで――屋根裏部屋に三〇年間隠れていた変わり者の親戚のように――タブー視されていたわけではない。それどころか一九五〇年代、六〇年代から七〇年代を通して、マサチューセッツ州ケンブリッジ［著名な言語学者がいるMITやハーバード大学の所在地］では大きな関心を集めていた。それはエリック・レネバーグが一九六六年九月に発表した『言語の生物学的基礎』の序文にそのまま表れている。[9] 彼はそこで「過去一五年以上にわたり」恩を受けた人物として、誰もが知る有名人の名を並べている。ロジャー・ブラウン、ジェローム・ブルーナー、ジョージ・ミラー、ハンス・トイバー、フィリップ・リバーマン、エルンスト・マイヤー、チャールズ・グロス——そしてノーム・チョムスキー。私たちの見解では、レネバーグの本は、今日でもきわめて当を得た内容である。特に第六章の「進化と遺伝学から見た言語」は、いまでも奥深い進化の考え方の模範となっている。彼のそれ以前の著作と同じだ。[10] ある意味、私たちが書いていることは、レネバーグがすでに書いたことをアップデートしたものだ。

私たちが知る限り、幼児向けの話し方を長期にわたって調べることを提唱したのはレネバーグだった。彼は他にも、完全な人間言語として手話が自然に発生したと指摘した（マサチューセッツ州ウォータータウンのパーキンス盲学校にて）。肉眼病変があっても言語獲得は可能であることを発見した。言語獲得に臨界期があるという証拠を示した。言語構造と他の認知機能との乖離を指摘した。〝言語にセットされた脳〟などの用語を考案した。言語障害について家族の家系分析を用いて調査した。*FOXP2*のデータを使って言語には遺伝的要素があるという証拠を示した。そして「〝言語遺伝子〟の存在を当然と思う必要はない」ことを指摘した。[11] 彼はまた言語の進化の連続的、不連続的アプローチを比較対照し、不連続的なアプローチを支持した。こちらのほうが、言語機能の表面上の均一性などの重要な証拠によって部分的に支持されるものだった――「すべての人種が言語についてまったく同じ能力をもっているということは、この現象は人種が多様化する以前から存在したことを示唆している」[12]。

実のところ、言語とその進化の問題については、常に強い関心が向けられてきた。たしかに一九五〇年代から六〇年代には、言語の進化について、レネバーグが発表していたこと以外に、たいして語れることはなかった。当時の一般的な生成文法は、多くの複雑で順序付けられた変換規則で成り立っていた。チョムスキーの『統辞構造論』[13]の付録Ⅱを見ると、英語のごく一部に対して二六ものたいへん細かい規則が示されていて、その複雑さがすぐにわかる。それでも言語の進化への関心は薄れず、このテーマについての大きな会議がときどき開かれていた。たとえば一九七五年にはニューヨーク科学アカデミーで国際会議が開かれている。[14] 一九六〇年代半ばからそのころまでには、言語によって大きく違う複雑な規則体系は、それぞれの個別言語を記述するには十分かもしれないが、どんな言語でも楽に獲得できる子どもの能力については完全に謎のままだった。その謎のいくつかは、言語獲得における生物システムの制約を見つけることで解けると認識されていた。その制約とは、普遍文法（UG）、すなわち言語機能の遺伝的要素についての制約である[15]。一九七五年のニューヨーク科学アカデミーの言語の進化についての会議ではチョムスキーが、（この章の最初と同じように）言語の〝表現型〟を縛る制約が存在し、そのために進化によって説明されるべき対象が狭まると思われると述べた。たとえば言語の規則が適用される領域は制限されており、そのため Who did Mary believe that Bill wanted her to see?（メアリーはビルが彼女に会わせたがっているのは誰だと思っていましたか？）とは言えるが（ここで who は see の目的語と解釈される）、who が名詞句の中に埋め込まれているとき、Who did Mary believe the claim that John saw? とは言えない[16]（第4章も参照）。その講演を彼は「人間言語という心的器官は、個々の個別言語により多少の変異をともないながら、遺伝的に決定される性質に従って発達すると考える根拠は十分にある」と締めくくっている[17]。このような問題は、単一の言語に対して生成文法を構築しようと試みるときですら、ただちに生じた。

その後一〇年、こうした発見のペースが速まり、UGについての体系的な制約が数多く集まり、それが〝原理・パラメータの枠組み〟（P&P）として知られるようになった。P&Pのモデルでは『統辞構造論』において論じられている詳細な変換規則――たとえば英語で名詞句を目的語から主語の位置に移動させる〝受動化規則〟や、who のような語を、疑問文をつくるとき文頭に移動する規則——が〝α移動〟という一つの演算にまとめられるとともに、規則に違反する移動をよりわける制約（前節で説明した who や what など、WHに関する一般的な制約）を示した。これらはすべて言語による違いを生む有限数の許容される揺れを通じてパラメータ化された。たとえば日本語は動詞が目的語のうしろに来るが、英語やフランス語は動詞が目的語に先行する。言語理論はあたかも原子が組み合わされて分子となるような、周期表と似たところがある。この類似性についてはマーク・ベイカーによって指摘されている。(18)

一九九〇年代にはP&Pモデルで通言語的にかなり説明できていたため、一歩下がって、規則と制約の両方を、効率あるいは最適な計算の原理によって独立に動機づけられた、最小限の集合に要約できるかどうか考えられるようになった。こうした人間の言語の最も単純で極小《ミニマル》のシステムの追求によって、大幅な簡素化が行なわれた。言語の表現型が狭く限定されてきたのだ。

この狭い表現型の特徴をどう説明したらいいだろうか。過去六〇年にわたる生成文法の研究によって、人間の言語に関する基本的で、ほぼ議論の余地がない原理がいくつかわかった。人間の言語の統辞構造には、少なくとも三つの重要な性質がある。それらはすべて極小主義の仮説で捉えられる。（1）人間言語の統辞法は階層的で、線形順序の考察には影響されない。線形順序付けの制約は外在化（発話）のためのものである。（2）文に付与されている特定の階層構造はその解釈に影響する。（3）階層構造の深さには上限がない。これらすべてが本当なら、（1）の意味するところは、妥当な言語理論はどれも、階層構造をともなう表現をいくつも組み立てるための何らかの方法を持つが、線形順序については考慮しないということだ。また（2）は、構造が（ある程度）〝意味〟のレベルでの解釈を決めることを意味する。（3）は、そうした表現は原理的には無限に存在するという意味だ。そうなるとこれらは、妥当な統辞理論に必ず含まれていなければならない最低限の性質であり、そのために極小主義の説明の一部となっている。

これらの性質が実際に言語において当てはまるかを調べるために、第3章と4章で使う簡単な例について考えてみよう。

Birds that fly instinctively swim.（本能的に空を飛ぶ鳥は泳ぐ）

Instinctively birds that fly swim.（空を飛ぶ鳥は本能的に泳ぐ）

これら二つはどう違うだろうか。最初の文は二つの意味にとれる。副詞の instinctively は fly と swim のどちらを修飾していてもおかしくない。鳥が本能的に飛ぶとも読めるし、本能的に泳ぐとも読める。ところが instinctively を先頭に置くと話が変わる。instinctively birds that fly swim だと、instinctively は swim しか修飾できない。これはとても不思議に思える。なにしろ instinctively は、間にある単語の数から言えば、swim より fly に近いのだ。instinctively と fly の間には二語しかないが、instinctively と swim の間には三語ある。しかし人はここで instinctively を近いところにある fly とは結びつけず、離れている swim と関連付ける。それは instinctively は構造上の距離が、fly よりも swim に近いからだ。swim は instinctively から一段階下に埋め込まれているが、fly はそのさらに一段階下に埋め込まれている。(第4章の図4・1に示してある。)どうやら人間言語の統辞法にとって重要なのは線形的な距離ではなく構造的な距離のみらしい。

階層的な性質が人間の言語の統辞法を支配しているだけでなく、階層の数に制限はない。ただし当然ながら処理するのは難しくなる。たとえば

intuitively people know that instinctively birds that fly swim.

(空を飛ぶ鳥が本能的に泳ぐことができると、人は直感的に理解する)

というふうに、文をどんどん長くできる。もし脳は有限であるという前提と合わせて、チャーチ＝テューリングのテーゼに賛同すると行き詰まってしまう。そうした現象をきちんと記述するためには、再帰性という考え方が必要になる。以上の点には論争の余地はない。これら三つの性質は、人間言語の統辞法の最小必要要件である。

しかし現代の霊長類の神経科学の議論は、これら三つの主張をそれぞれ明確に否定することもあり、線形順序に関わる制約だけが必要で、さらに階層的な制約や、再帰性という考え方に訴える必要はないとしている。この立場は神経生物学的な言語研究と、進化のモデルにも大きな影響力を持つ。しかしそれは間違っている。

たとえばボーンケッセル＝シュレセウスキーらは、この説をもとに人間と他の霊長類の間の連続性を論じている。[19]「もっと複雑で、質的に異なった計算メカニズム（つまり再帰性によって生じる離散無限性）が、人間言語には必要であるという考え方に……私たちは賛同しない……。AとBという二つの要素を順番に並べてABという列をつくる能力は、人間言語に関する……処理能力のための計算の基盤を成す[20]」。

彼女たちが導き出した結論は、進化にまつわる非常に重要なものになる可能性を持つ。「人間以外の霊長類の計算構造は、基本的な計算を行うのにじゅうぶんな質を備えていることを示唆する有力な証拠がある[21]」。もしこれが真実だとすれば、進化研究に大きな影響を与えるだろう。「文処理や談話処理を含めた人間言語にとって計算生物学的な基本必須条件は、すでに人間以外の霊長類にも見られる[22]」

しかしつい先ほど述べたとおり、ボーンケッセル＝シュレセウスキーの主張は間違っている。線形処理は、人の言葉を説明するのに適切とはとても言えない。つまりボーンケッセルらが指摘した霊長類のメカニズムは、人間言語に一般的に見られるものを説明するには原理的に不十分なのだ。そしてもしこれが正しいとしたら、ヒト以外の霊長類の脳が、人の言語の多くの面のモデル候補になりうるとは考えにくい。

極小主義の分析でわかることを、簡単にまとめてみよう。理論上ベストの可能性では、人間言語の統辞法に求められる階層構造をつくるために必要な演算は一つだけだ。それが併合《マージ》である。これは二つの統辞要素を組み合わせて、新しいより大きな階層構造をともなう表現をつくる演算だ。

最も単純な場合、併合は集合形成の演算ということになる。一つの統辞体X（語に類似した原子や、それ自身、併合によってできた何か）ともう一つの統辞体Yがあったとき、それらを併合すると、階層構造をともなう新たな対象（統辞体）を集合{X, Y}として作り出す。この新たな統辞体は、最小計算の条件を満たすなんらかのアルゴリズムによってラベルを付与される。たとえばreadとbooksという語に対して、併合は両者を組み合わせて{read, books}をつくり、その結果は、組み合わせの〝主辞〟の素性をさがす最小探索によってラベルが付与される。この場合は動詞的要素のreadが主辞である。これはread booksの構成素構造が〝動詞句〟であるという従来の概念と一致する。この新たな統辞表現はさらなる計算に組み込まれ、私たちが前に、人間言語の基本特性と呼んだものを捉えることができる。

このアプローチについては、これからも取り上げることがあるかもしれないが、さしあたっては、このように表現型が明確になると、進化の理論を説明するときの困難は減少することを明らかにしておく。あまり複雑な説明をしなくても、ダーウィンのパラドクスは小さくなる。最近のこうした進歩と、人間言語の表現型の定義が狭まったことが、この本を書く第一の動機となった。

私たちの第二の動機となったのは、言語の生物学的基礎への理解が進んだことだ。私たちはいまや〝分割統治〟戦略をうまく使って、〝言語〟進化という難しい問題に、基本特性として記述したように三つに分けて取り組むことができる。（1）他の二つの内的システムとのインターフェイスにおける系統的解釈とともに階層構造をともなう表現をつくる内的計算システム。他の二つのシステムとは（2）産出や統辞解析などの外在化のための感覚－運動システム。（3）推論、解釈、計画、行動の組織化――一般には〝思考〟と呼ばれる――のための概念システム。ここで注意しなければならないのは、外在化とは発声／運動の学習や産出だけでなく、少なくとも語形成（形態論）とその言語の音声システム（音韻論と音声学）との関係、産出中の記憶負荷を軽くするための出力の再調整、そしてプロソディなども包括する。

しかし言語について本書の主張でもっと重要なのが、どんな感覚モダリティ（様式）――音、身ぶり、触感（幸いなことに匂いはこのリストには入らない）――であっても、入力‐出力に使えるらしいということだ。内的階層構造そのものには、句や語その他の要素の、左から右への順序に関する情報が含まれていない点は念を押しておく。たとえば動詞―目的語、目的語―動詞の順番は、英語やフランス語と日本語で違っているが、その情報は内的階層構造では示されない。むしろ言語における順次的時間的順序付けは、外在化のための制約である。感覚モダリティが聴力によるものであれば、出力はわかりやすく言えば発話《スピーチ》であり、音声学習や産出も含む。しかし出力のモダリティは、手話のように、視覚・運動性のものもある。

一部には鳴鳥［songbird 美しい声でさえずる鳥］の神経生理学的、遺伝学的な比較研究のおかげもあって、音声学習の生物学的基盤は収斂進化として理解されつつある。それは人間と鳥の間でまったく同じように、ただし独立して進化した性質ということだ。音声学習――特徴的な順序を付けられた音を学習する能力――は、一〇〇個から二〇〇個の遺伝子から生じていると思われる。[23] 鳴鳥と（音声を学習する）哺乳類の音声学習は、ある特徴的な神経生物学的現象からも生じているようだ。それは図1・1の上半分に示されているような、音声運動野から脳幹の音声運動ニューロンへの投射である。こうした直接的な投射は、ニワトリやマカク（アカゲザル）など音声学習をしない動物にはまったく見られない[24]（図1・1の下半分を参照）。

最近ではコミンズとゲントナー、そしてエンゲッサー他が、この学習能力は単なる順序付け以上のものであることを示唆している[25]。コミンズとゲントナーは、ムクドリが人間の音声システムを思わせる抽象的なカテゴリー形成能力を示すと報告している。そしてエンゲッサーらは、〝音素対立〟を持つ鳥の種を一つ――クリボウシオーストラリアマルハシ――発見したと主張している。種に固有の能力があることを指摘したのがコーエン[26]だった。さらに最近では、タカハシ他が、マーモセットの子どもは、人間の幼児が〝音を合わせる〟のに似たやり方で、発声を〝磨いている〟と述べている[27]。それはコーエンが思い描いていたやり方でモデル化されるかもしれないプロセスである。バーウィックらはすでに、鳥のさえずりの限られた線形の配列は、計算上、扱いやすい数のお手本から獲得するのに向いていることを実証している[28]。これらすべてが正しければ、私たちは外在化のためのこの言語のシステムの側面をいったん忘れて、他の人間特有の面に集中して取り組める。

私たちの分割統治アプローチの正しさを裏付ける神経学的証拠を一つあげると、ごく最近デイヴィッド・ポープルの研究グループが行なった、活発な皮質活動についての脳磁図（MEG）実験の結果が、階層的な言語構造にともなう神経活動の同調は、線条的な単語

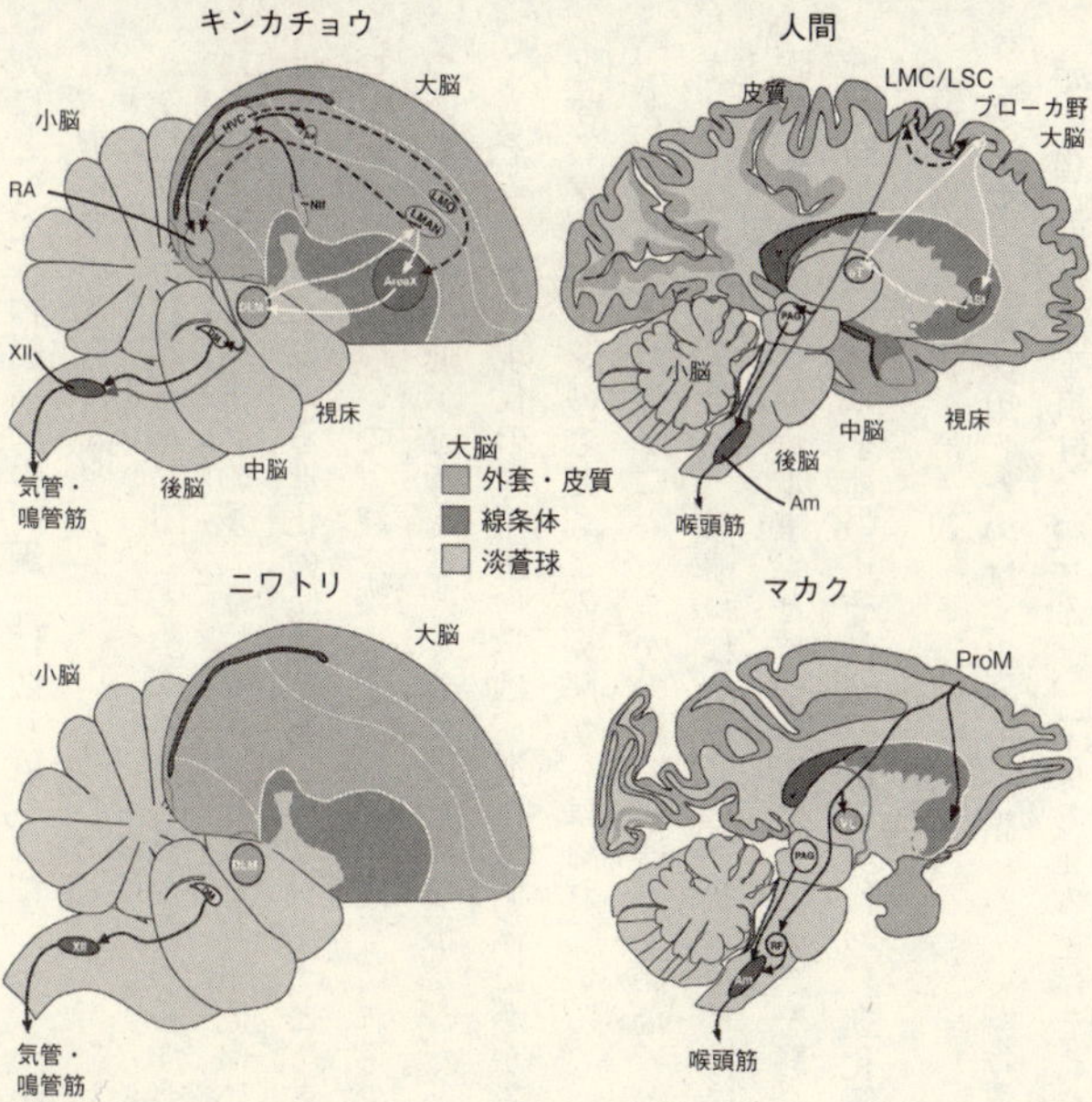


図1・1

音声学習をする動物としない動物の脳の関連、接続、細胞種類の比較。音声学習する動物（キンカチョウのオス、人間）だけが、大脳皮質の運動野から脳幹の音声運動ニューロンへの直接投射がある。RA から XII へ、LMC/LSC から Am への矢印で表示。音声学習しない動物（ニワトリ、マカク）はこの音声運動ニューロンへの直接投射がない。略語は（キンカチョウ）RA ＝弓外套頑健核（発生運動中枢）。（人間）LMC ＝中心前回の喉頭部運動野皮質。LSC ＝喉頭部体性感覚皮質。Pfenning et al 2014. Convergent transcriptional specializations in the brains of humans and song-learning birds. *Science* 346：(6215)、1256846： 1 − 10. AAAS の許可を得て掲載。

列にともなう神経活動の同調とは切り離されていることを示している。[29] 言語と脳については、第4章でさらに説明する。

第三の動機に話を進めると、少なくとも私たちからすれば、生物学と言語の進化の性質についてのレネバーグの重大な見識が、忘れられる危機にあるように思えた。たとえば彼はダーウィンらによる進化の〝連続的〟アプローチと、彼自身が選んだ〝不連続的〟アプローチの是非について、注意深く議論していた。これらの立場を明確にした最近の進化についての思考の進歩を考えると、これは特に痛恨だったと思える。充実した科学分野はどこもそうだが、現代の進化生物学は、進化は個体にかかる選択の結果で起こる適応変化だとするダーウィンのもともとの見解からは離れている。ダーウィンはたしかにいくつかの点で間違っていた。おそらくもっとも知られているのは、いわゆる「総合説」で補われた部分だ。総合説とは二〇世紀半ばに生まれた、自然選択による進化とメンデル主義と粒子遺伝（遺伝子）を融合させた説で、ダーウィン説に欠けていた遺伝モデルを補い、それがやがて現代の、進化解析におけるゲノムの時代へとつながった。

ダーウィンが採用したのは、当時の（誤った）〝融合遺伝理論〟だった。それによると、赤い花と白い花を掛け合わせると、子孫の花の色はそれをすべて混ぜた色、つまりピンクになる。混合されると、自然選択が起こるためのバリエーションがあっというまに消えてしまう。子どものころ、何色もの色の水彩絵の具が並んだパレットを、濡れた絵筆でこすった経験があるだろうか。紫から黄色までの異なる色相が、濁った茶色になってしまう。しかしすべての子孫が同じ茶色だと、自然選択が選択するものがない。誰も平均を超えず、誰も平均を下回らない。自然選択のふるいの中で、すべてが等しくなる。何のバリエーションもなく、したがって自然選択は起こらず、ダーウィン的プロセスは一世代か二世代で停止する。必要なのは世代ごとのバリエーションを保持するための何らかの策だ。たとえ赤と白の花の子孫がピンクになることがあったとしても。

その答えを見つけたのはメンデルだった。遺伝は独立した粒子――遺伝子――を通して起こるが、もちろん当時それを彼が知る由もなかった。二〇世紀前半、メンデルの粒子遺伝説とダーウィンの自然選択による進化を体系的に組み合わせる方法を示すという作業を引き受けたのは、総合説の創始者たち――シューアル・ライト、ロナルド・A・フィッシャー、J・B・S・ホールデン――だった。彼らはダーウィン的な機構がどの世代でも働いて、ある形質の集団内での発現頻度がどのように変化するかを示す数学的モデルを構築した。

しかしダーウィンの間違いはそれだけでない。生物集団が無限であるという（一般には表明されていない）前提も、事実上無限の集団にあっても自然選択による進化は完全に決定論的に進行するという前提も、深刻な間違いだった。進化を押し進めるエンジンのすべての歯車——適応度、移動、繁殖力、交配、成長など——は、残酷な生物学的運命の石つぶてや矢にさらされている。多くの場合、適者生存とは最も幸運なものが生き残ることである。そしてそれはダーウィンが想定したように、進化が途切れなく連続して起こるかどうかに影響する。これを確かめるにはより細かい数学的分析が必要だが、私たちの理解している範囲では、言語の進化に関する最近の本はどれも、そのことを完全にわかっていないように見える。ダーウィン自身も自伝で「長く抽象的な思考についていく私の力はとても限られている。そのため私は形而上学や数学で成功することはなかっただろう」と述べている[30]。

この章ではこのあと、第二と第三のモチベーションについて、逆の順番で解説していく。まず進化理論、そして分割統治のアプローチと進化とゲノム学を解説する。極小主義プログラムと極小主義の強いテーゼ（SMT）については、第2章と3章でさらに詳しく説明する。

## 進化理論の進化

まず現代の進化理論と、言語の進化についての理論は、何がそれほど違うのか。ここでは先ほどふれた総合説の全盛期だった一九三〇年ごろの時代背景から始めよう。現代の言語進化の研究者のほとんどは、遺伝に関するダーウィン説の問題点と、総合説によるその解決を正しく認識している。そして集団の大きさの制限が進化上の変化に与えるわかりやすい影響について言及する者さえいる。それはたとえば、小さな集団における抽出効果、いわゆる〝遺伝的浮動〟と呼ばれる現象が、有利な形質の不運による喪失（集団内での遺伝子頻度が0になる）や、有利でない形質の幸運による完全な固定（遺伝子頻度が1）を引き起こすことであるが、その理由を理解するのは難しくはない。シューアル・ライトとロナルド・フィッシャーが行なった方法で話を進めよう。生物集団を、つぼに入った有限個の違う色のビー玉と考える。このビー玉が個体や遺伝子変異だ――たとえば八〇%が白で、二〇%が赤とする。集団の大きさは決まっている。選択、突然変異、移動などによって、ビー玉の色の頻度が変わることはない。これでサイズが5の小集団をシミュレーションしてみよう。まず無作為につぼからビー玉を一個取り出し、色を記録してからビー玉を戻し、これを五回繰り返す。取り出した五個のビー玉の色が、新しい〝子孫〟の世代の形質を示す。これを第一世代とする。その後、同じ手順を繰り返し、二回目のラウンドでは、頻度に起こる変化に注目する。たとえば白のビー玉が四、赤のビー玉が一という結果になるかもしれない。この赤と白の頻度は、集団全体での割合に一致する。しかし、たとえば白が三、赤が二なら、白が六〇％、赤が四〇％となる。この場合、第二世代では、赤を選ぶ確率が五分の二になる。こうして延々とゲームは続く。

もちろん赤のビー玉が一つも出ず、赤が消滅する可能性もある――いったん、つぼの中に赤のビー玉がなくなったら、魔法のようによみがえることはない（白のビー玉が〝突然変異〟で赤になる可能性があれば別だが）。始めは、つぼから赤のビー玉を選ぶ確率は平均して1／5、つまり二〇％で、集団の他の〝個体〟と同じだ。そのため赤のビー玉が選ばれない確率は1－1／5＝4／5である。さらに二個目も赤を選ばない確率は、（4／5）×（4／5）＝16／25。平均では、第一世代で、五回続けて赤が出ない確率は（4／5）の5乗で、これは約〇・三二八である。つまりだいたい三分の一くらいの確率で、赤のビー玉はなくなってしまう。赤のビー玉の頻度が二〇％から〇に落ちるのだ。それと同じように、五回続けて赤のビー玉を選んだら、八〇％だった白のビー玉の頻度は〇になる。これが起こる確率は、第一世代で平均（1／5）の5乗、つまり〇・〇三二となり、赤のビー玉がなくなってしまう確率よりはるかに小さい。このように白と赤のビー玉が現れる頻度は、世代によって〇から一の間を、決まった方向性なく〝浮動《ドリフト》〟する。それで〝遺伝的浮動〟という言葉が生まれた。

実際のところ、この単純な状況設定なら、遺伝子浮動で、どんな色でも最後には消滅するか固定するかのどちらかになると示すのは難しくない。これは〝遺伝子浮動〟を別のイメージ、〝酔っぱらいの歩き方〟で考えてみるとよい。酔っぱらいが一人、行きつけのバーからふらついて出てきて、歩いていこうとするが、一秒ごとにうしろか前か、どちらかに一歩しか進めない。これは一次元のランダムウォークだ。時間がたったらこの酔っぱらいはどこへ行くだろうか。直感的には、酔っぱらいはバーから一歩出たときからふらついているので、常に元の場所に戻ってくるように思える。しかしランダムウォークでは、いつも出発点のまわりをふらふらしているという直感は間違っている。実はランダムウォークでも、必ずどこかへ行きつく。出発点からの距離は、歩いた時間（歩数）の平方根に比例する。[31] 歩数を形質や遺伝子の頻度（0から1）に置き換えると、平均して試行の半分の回で酔っぱらいは1に到達する。その場合、その形質なり遺伝子なりは集団の中で固定される、そこにとどまる。そして残りの半分では0になる。この場合、その形質は消滅し、その後はずっとゼロのままだ。総合説の主導者たちは、この効果を（少なくとも一部）数学的に実証し予測する統計モデルを開発した。

しかし私たちが知る限り、現在の研究者たちは総合説を受け入れているわりに、人間の言語の進化についての最近の説明のどれも、従来のダーウィン主義から完全に確率的「偶然に左右される」な、新しい考え方へ移行したことを理解していないように見える。新しい考え方とは、特に確率的影響としては、方向性のない浮動のような抽出によるものだけでなく、適応度、移動、遺伝率などの方向性を持つ確率的変動によるものもあるという考えだ。実際には個体や遺伝子の頻度に影響するすべての〝力〟である。適応は一部の人々が主張しているような、あらゆる事象を説明できる〝アルゴリズムの万能酢〟などではない。偶然性と運が大きな役割を果たす。可能性の幅が大きすぎて、たとえ果てしないほど長い時間と何十億という世代を経ても、自然選択による進化では、多くのどころかほとんどの〝解決策〟にはたどりつけない。これに関する正式な結果が、最近、チャタジーらによって明示された。[32] 一般に適応に必要な時間は、ゲノム配列の長さにしたがって指数関数的に増加する――つまり地質学的に長い時間でも、じゅうぶんではない。(多くの生物が関わっているという理由で、〝並列処理能力〟が自然選択による進化から生じたという説は荒唐無稽な空想ということになる。)

確率的影響を現実世界の例で説明してみよう。ステファンソンとその同僚らは、人間の第一七番染色体に、とりわけ大きな乱れがあることを発見した。[33] この一本の染色体に変異が見られるアイスランド人女性は、変異がない女性に比べて、約一〇%（〇・〇九〇七）多くの子どもを持つ。この二つのグループを$C^+$（染色体に変異がある）と、C（変異がない）と呼ぶことにしよう。ふつうのダーウィン主義の用語では、$C^+$の女性はCの女性より一〇%〝適応度が高い〟、あるいは$C^+$の女性は〇・一〇の選択的優位性を持つということになる。言い換えると、C女性が一人の子を持つごとに、$C^+$女性は一・一人の子を持つ（〝適応度〟という語にクォーテーションマークをつけるのには理由がある[34]）。

とはいえ、当然ながら、$C^+$の女性が本当に一・一人の子を持ったわけではない。ソロモンの知恵［自分の子だと主張する母親二人に、子どもを切って与えようとする］ではないのだ。現実では、研究者が一覧にしたすべての女性（一万六九五九人）が、〇、一、二、三、四人、あるいは五人以上の子を生んでいた（五人以上の子を生んでいたのは二六五七人）。つまり平均すると$C^+$の女性はCの女性より、一〇%多くの子を生むということだ。〝適応度が高い〟$C^+$の女性の中にも、一人も子を生まない女性がいた（実は七六四人と、かなり多い）。それが話の核心だ。ある特定の個体（あるいは一個の遺伝子）が、集団の平均より一〇%〝適応度が高い〟けれど、一人の子孫（あるいは遺伝子コピー）も残さないこともある。実際、この調査の例では七六四人の〝より適応度が高い〟女性が、実は適応度ゼロだった。つまり適応度はランダム変数なのだ――そうでなければならない。適応度には平均があり、この平均にいくつかバリエーションがある。それが確率分布だ。適応度自体は――遺伝的浮動（移動、突然変異など）と同じように――確率的なのだ。しかし遺伝的浮動とは違って、適応度と選択的優位性にははっきりした方向性がある。酔っぱらいのようにふらふらしない。

これらはすべて、進化の結果に影響力を持つ可能性がある――私たちが調べた限り、言語進化に関する最近の本では、そのような結果は発表されていないが、遺伝的に、あるいは個体に新たな性質が生じるといった結果はすぐに現れるだろう。それはまさに、言語の発生（集団も小さく、生殖人口規模も小さいのが常だった時代と思われる）において起こる可能性が高いシナリオだ。もちろんモデルが十分に説明されるかどうかが、詳しさのレベルに反映される。

付け加えると、適応度とダーウィン的進化はすべて集団の平均の話で、個体のことではないと言う人もいるだろう――重要なこと、そして進化の間に変化するものは、適応度が高いものと低いものの頻度であり、ある特定の女性に起こることではない。これは今のところ正しいが、個体数や遺伝子コピーの数が少ないときは当てはまらない。そしてまったく新しい形質の出現について考えるときにとても興味深くなる状況なのだ。

それはなぜか。このような状況のモデルをつくるのに、一般的に用いられる確率分布を適用すれば、一〇％の適応優位性を持つ単独の個体（あるいは遺伝子）が、たった一世代でなくなってしまう確率は三分の一を超える（約〇・三四九五）[35]。そしてこれはきわめて大きな適応優位性で、自然に存在するものより、おそらく一桁から二桁大きい。さらにもし単独の個体か遺伝子に選択的優位性がまったくなければ――ニュートラルなので適応度は1――もっと適応度の高い親戚に比べ、一世代で失われる確率はずっと高くなる。ところがすべていなくなる確率は〇・三五から〇・三六七と、たった二％から三％上昇するにすぎない。つまり誰もが最初考えたことと違って――そして言語の進化に関するすべての本に書かれていることと違って――これは集団が小さいほど喪失や前進の可能性が高くなる遺伝的浮動のケースとは異なる。少数の個体か遺伝子に関することであれば、一世代における消滅／生存の確率に、集団の大きさは何の影響も与えない。

この結果がなぜ重要なのか。新しい遺伝子変異や、その変異を持つ個体が現れたときは、たいていはそれが世界で一つか、（一つの個体の子孫すべてに突然変異によって新しい形質が現れた場合でも）せいぜい四つか五つのコピーしかない。集団の大きさがこの最初の過程を左右することはない――これも最近の言語進化についての文献に書かれていることとは違っている。ギレスピーは次のように述べている。「我々は［集団の大きさについて］

一個［の遺伝子］が生み出す子孫の数とは関係ないと判断する……その［遺伝子］がもっとありふれたものになり、興味がコピーの数から頻度に移れば、その確率的変動は遺伝的浮動によって左右されると言うのが正確だろう」(36)［強調引用者］。要するに、新しい遺伝子変異が初めて現れたとき、その形質を持つ個体はまず、自然選択が働かない〝確率的重力井戸〟から出なければならない。

そのような個体（遺伝子コピー）の数が適応度によってある転換点に達すると、自然選択によって支配されるようになり、適応度が一〇％高い個体は、なじみのあるダーウィンのジェットコースターに乗ってトップへ上り、集団内での頻度1で固定される。（なぜ適応度の高いアイスランドの$C^+$の女性が、国全体――少なくとも海岸沿い――を席巻しなかったのだろう？）

では転換点とはどこだろうか。新しい形質や遺伝子変異が一〇％の選択的優位性を持てば、九九％の確率で消滅しないことが確実になる――つまり頻度が0ではなく1となり固定される。それは個体数がだいたい四六一のときだ。重要なのは、この転換点も集団の大きさとは関連しないということだ。ギレスピーは、これについてはっきりと書いている。「最初の世代にとって大事なのは、無作為の子孫の数で……これらの個体の運命をシミュレーションするとき、N［集団の大きさ］が入り込む余地はない」(37)

手短かに言うと、徹底して現代の進化理論家になるには、〝遺伝子の観点〟から〝ギャンブラーの観点〟に、視点を移さなければならない。（これについてもっと深く掘り下げたいなら、Rice 2004 の第八章、九章、あるいは Rice, Papadapoulos, and Harting 2011 を参照することを勧める）。要するにどういうことかというと、現実世界の生物学と確率的行動を、進化の中に持ち込むことだ。それはたとえば次のようなものを含む。確率的人口移動率（エリス島の昨日と今日）、確率的遺伝パターン（あなたはおじいさんにはやっぱり似ていない……）、遺伝子同士の相互作用（〝言語の遺伝子〟という単独の遺伝子はない）、そして頻度が上昇するたびに変動する適応度（人口過剰になったら、どうなる？）。これをすれば、適応進化することで適応度が最大になるという、単純な見方は崩壊する。数多くの相互作用する遺伝子の効果をすべて同時に〝満たす〟のは難しい。ましてそれらを調和させて最も有利な形で適応させるのは困難だ。

こうした自然選択にとっての困難は、ゲーム理論を進化の流れに当てはめることで乗り越えられるという主張がある。これは〝進化的に安定な戦略〟と呼ばれ、[38]さらにこれより多次元の適応度最大化に関する問題にも〝答えを出した〟という。[39]これはあまり正確でない。そのような答えはない。少なくともまだ出ていない。現在、ゲーム理論は進化の考え方の中で、たしかに重要な位置を占めているが、それは他の個体の行動や戦略に対応して、どうするべきかを考えるようつくられているからだ。結果的に、頻度依存の選択が起こるとき特に有用となる。自然選択が起きている状況では、どのくらいの他の個体が同じ戦略を使っているかで適応度は変化する。たとえば子孫を早くつくるかどうかといったことだ。そのような多方面における頻度依存のシナリオは、他の方法で分析するのはきわめて難しい。実のところ、頻度依存の効果は、言語の有無にかかわらず、個体同士が活発に関わり合う人間の言語進化のケースで、まさに予期されることではないかと私たちには思える。言語については、ノワクの進化ダイナミクス・モデルが必要だ(40)。

私たちが頻度依存／ゲーム理論の考え方をここで使わないのは、それに必要な他の仮定が成立するかわからないからだ。ゲーム理論による進化の分析は、一部で考えられているように万能ではない。言語進化会議でよく登場はしていたとしてもだ。ゲーム理論分析が最も効果を発揮するのは、集団がとても大きく、平衡状態で、突然変異が起こらず、遺伝的組み換えもないとき、つまり確率的影響を気にしないですむとき、あるいは集団がどのようにして平衡状態に向かったのか知りたいときである。これはかつての人間集団の有効サイズは小さく、平衡状態でなかったという、一般に受け入れられている前提とは逆である。そして最後に、ゲーム理論のアプローチは、私たちが集団遺伝学と分子進化の研究から得た知見とはかけ離れていることが多い――これはたまたま、私たちがいまゲノムの時代に学んだことの、そしてこれまでに集められ、今後も増え続けるであろう大量の新しいデータの大部分なのだ。マーティン・ノワクらの研究[41]によって、古典的な総合説の集団遺伝学モデルとゲーム理論分析との融合が、近年、大きく進歩しているのはたしかだ。ゲーム理論はいまでも現代の進化理論研究者のツールキットの不可欠な部分だが、そこには限界があり、その限界はまだ他の分子進化の文脈では完全に解決できない。（さらなる議論は、Rice 2004, ch.9; Rice, Papadapoulos, and Harting 2011を参照）。要するに聖書の「伝道の書」九章一一節は正しいということだ――「速い者が競走に勝つのではなく、強い者が戦いに勝つのでもない。また賢い者がパンを得るのでもなく、賢明な者が富を得るのでもない。また知識ある者が好意を得るのでもない。しかし時と機会はすべての人にめぐってくる」

この結論が的外れでないというのなら、言語の進化を考えるとき、これらの確率的影響を考慮する必要があることが示唆される。ゲーリングが論じたように[42]、目などのまったく新しい形質の出現に遭遇するたびに、この偶然の要素が働いているように思える。これについてはダーウィンも――やや渋りながらではあるが――認めている。目に関するこの問題については、このすぐあとでもう一度取り上げる。一般的には進化理論家のH・アレン・オールが論じたように「適応は自然選択ではない[43]」ことを理解するべきなので、これら二つの違った考え方がさりげなく混ざっていたら気を付けなければならない。

この決定論的なダーウィン主義から、完全に確率的なものへの移行は、ダーウィンの『種の起源』が発表された一八五九年以降、進化と確率過程について高度な数学的、生物学的理解が進んだ結果である。このような進歩——進化論自体の進化——は、発展著しいどんな科学分野でも見られるだろうが、研究者の多くは、進化をもっぱら個体の適応選択とする、もともとのダーウィン説から離れられていないように見える。かなり以前から、理論的・実験的研究によってダーウィンと総合説の見解は常に正しいわけではなく、それを裏付ける証拠が多くあることはわかっている。[44]しかしそれでダーウィン主義を全面的に否定する必要はない。ウィルス伝播、大規模な水平遺伝子流動、奇跡的な複合突然変異を引き合いに出すこともない。進化発生学分野の正統な見解を組み込むことさえない。

では生物はどのように進化するのだろうか？　スティーヴン・J・グールドとそれを批判する相手との有名な論争での表現を使えば、漸進的にか突発的にか。[45]もちろん、その両方だ。適応進化の変化はたしかに、ダーウィンの古典的な見解にしたがって、とてもゆっくり、こつこつと、何百万年もかけて進む場合もある。しかしその一方で、大規模な行動の変化でさえ、比較的すばやく、あっというまに起こることがある。その例がアゲハチョウの食べ物の好みだ。[46]そのスピードは、トムソンが行なったすばらしい調査により、あらゆる大きな系統発生群で確認されている。[47]

ただダーウィン主義的なごくわずかな変化を重ねる漸進的進化も、ときにペースを上げることがあると認めて（一部にそういう人がいるようだが）話を複雑にするだけではいけない。私たちもそれには賛同する。しかし重要な問題は、進化がどのくらいのペースで進むかということだ。私たちの見解は、長期と短期の両方を視野に入れている。長期的な進化は、鳥類と人類が現れるより前に獲得したと思われる発声学習ツールキットの進化のように、何十万という世代にわたり、何百万年もかかる進化だ。そして短期的な進化は比較的新しい適応に見られる、数百世代から千世代、数千年にわたる進化である。その例としては、酸素の少ない高地で生活できるチベット人の能力、酪農文化の中で培われた、子ども時代を過ぎてもラクトースを消化できる能力[48]、そして私たちの仮説の中心である、階層的な統辞構造を組み立てる革新的な能力などがあげられる。

これらの性質は、長期にわたる漸進的な遺伝子変化を経ずに進化したが、それは生物学者リン・マーギュリスの助言に従っていた。いわく、てっとりばやく、まるごと新しい遺伝子を手に入れる方法は、それを食べることだ。チベット人が低酸素症に適応するための調節DNAの断片を獲得したのは、私たちの親戚であるデニソワ人と交配したからに違いない。つまり彼らは移入によって遺伝子を吸収したのだ。[49] 人間はヨーロッパで生き残るための重要な適応形質をいくつか、ネアンデルタール人やデニソワ人から獲得したようだ。たとえば皮膚色素の変化や、免疫系の改良などだ。(50) たしかにいったん食べられたら、遺伝子は選ばれた性質を発揮しなくてはならない――しかしこの種の遺伝子移入は、前述の重力井戸から引き上げてくれる。

このようにダーウィン主義の入り口をすり抜けることが重要だということを少しでも疑うなら、生物の細胞にエネルギーを供給するミトコンドリアという細胞小器官は、食菌作用を通じて他の単細胞を食べるというフリーランチによって獲得したものだとする説を擁護したのはマーギュリスだったことを思い出してほしい。(51) これはかつては批判されていたが現在では確認されている。このいわばマネの『草上の昼食』の最古版が、進化生物学者のジョン・メイナード・スミスとエオルシュ・サトマーリが特定した、八つの〝進化における大きな変遷〟のうちの二つを発進させた。(52) 二人は、DNAの起源から性の分化、言語の起源にいたる八つの変遷のうち、言語を含む六つは、一つの系統で何度かの変遷が(先ほど述べた意味で)すばやく起きた、進化上珍しいケースと思われるという重要な指摘を行なった。ここには従来のダーウィン主義に反することは何もない。

このように、突然の遺伝子/表現型の変化はありうることで、そこで起こるのは、生物学者ニック・レーンに言わせると「出発点を、選択が働くところから移動する」(53) ことだ。

ここでレーンは単細胞である原核生物（環状DNA、無核、無性、基本的に不死）から、人間のような複雑な生命体につながる美食家（線状DNA、ミトコンドリア、核、複雑な細胞小器官、そして最終的には性、愛、死、言語を持つ）への、一回限りと思われる突然の変化に言及している。レーンが述べているように「遺伝子跳躍と適応を混同してはならない[54]」のだ。地質学的な時間で考えると、こうした変化はあっという間に起こる。

これはすべて、進化上まったく新しい変化が起きるとき、運、偶然性、生化学的-物理的状況が大きな役割を果たしていることを強調している——自然選択による進化はでたらめに起こるもので、より高い知性や言語の発生などの〝目標〟があるわけではない。たった一度しか起こらず、二度と繰り返すとは思えない出来事もある——核とミトコンドリアを持つ細胞の発生、性別などがそうだ。他の進化生物学者たちも意見は一致している。エルンスト・マイヤーはカール・セーガンとの有名な論争で、人の知性、そして暗に言語も、おそらく同じカテゴリーに入ると述べている。

知性の発生がどれほど奇跡的なことかを何よりよく示しているのは、何百万という種がそれを獲得できなかったという事実だ。おそらく生命の発生から何十億、おそらく五〇〇〇億もの種が生まれている。そのうち文明を築くだけの知性を得たのはたった一種だ……それほどまれなことである理由は、二つしか思いつかない。一つは高度な知性は、多くの人の考えに反して、自然選択にはまったく有利でないということ。事実、何百万という種の現存する生物すべてが、高度な知性なしにうまくやっている。もう一つ考えられるのは、それを獲得するのがきわめて困難であるということ……脳は多大なエネルギーを必要とするので、それは驚くことではない……高い知性を可能にする大きな脳が発達したのは、ヒト科の歴史においても最近のことで、直近の六％の期間に満たない。高い知性が生じるには、きわめてまれな都合のよい環境が必要らしい。(55)

もちろんチャタジーらの調査結果(56)から、現在はもう少し正確に、ある形質を「獲得するのはきわめて難しい」ことの意味がわかっている。それは自然選択によって獲得することは、計算上、難しいという意味だ。

急速な進化による変化の、もう一つの例について考えてみよう。これはごく最近のことで、詳しく研究されているので、もっと具体的で確実なはずだ。この分野で自然選択について、もっとも細かく長期にわたって行なわれた実験的観察のうちの一つが、グラント夫妻がガラパゴス諸島の大ダフネ島で四〇年にわたって行なった、二種のダーウィンフィンチ（ガラパゴスフィンチとサボテンフィンチ）の観察だ。(57) これはきわめて堅実な進化分析だ。グラント夫妻は何を発見したのだろう。進化上の変化は適応度の違いと相関することもあるが、そうでない可能性も同じくらいある。その結果、適応度の違いから進化の結果は予想できなかった。選択は突発的なものもあれば、ゆっくり起こることもある。めったにない出来事、たとえば〝ビッグ・バード〟と呼ばれる新しい種のフィンチがダフネ島に出現して、既存のフィンチと交配し、外部の環境によって急激に進化上の変化が起きた。これらの観察はすべて、人の言語の進化について期待されるであろうことを証明している。前述したとおり、デニソワ人やネアンデルタール人との集団間交配は、人間の適応進化である役割を果たしていた。私たちは言語がそのようにして生まれたと言おうとしているわけではなく――遺伝子移入の証拠で判断するなら、それは除外されるようだ――、むしろ読者のみなさんに、進化はカメだけではなく、ウサギにも当てはまるということを、はっきり理解してもらいたいと思っている。

ではなぜダーウィン説の自然選択による進化は変化が遅くて時間がかかると、疑問の余地もなく信じられているのだろうか。ダーウィンはビーグル号で航海しているとき、ライエルの三巻に及ぶ『地質学原理』[58]と、その〝斉一説〟を吸収した。現在も過去と同じ力が働いていて、山はゆっくりと悠久の時を経て砂になる。ダーウィンは『地質学原理』をそのまま受け入れた。それは言語の起源を研究する学者の多くも同じだ。ダーウィンとライエルで理論武装した彼らは、強力な連続仮説を是とした。目や他のすべての形質と同じように、言語も「ごくわずかな変化が、連続的に数え切れないほど起こって進化したに違いない」[59]。しかしそれは厳密にそうなのだろうか。〝連続的〟について考えてみよう。一読して〝連続的〟とは、進化上のイベントが次々と起こることを意味する。これは常に正しいので、ここではしばらく忘れていられる。

そうなるとあとは〝数え切れないほど〟と〝わずかな〟である。『種の起源』が出版されるとすぐ、〝ダーウィンの番犬〟と呼ばれたハクスリーはどちらも公に批判し、一八五九年一一月二三日付の書簡でダーウィンにこう書き送っている。「あなたは〝自然は飛躍しない〟という説をすなおに信じて、不要な重荷を背負い込んでいる」[60]。ダーウィン自身にできたのは、目がゆっくりと進化したという自らの説を『種の起源』で主張することだけだった。自然選択は光受容体と色素細胞が進化して、不十分なりに機能する光を探知する目の原型ができたあとで始まったと思われる、と。実際の色素細胞と光受容体の組み合わせの起源については説明されておらず、それは期待するべきことでもなかった。

いまや近代の分子生物学の成果によって新たな知見が得られている。ダーウィン説の目の原型は、二つの部分からできていた。光受容細胞（〝神経〟）と光受容細胞をおおう色素細胞である。「ある種の体節動物において、色素におおわれただけの視神経の萌芽を見ることができる」[61]。しかしダーウィンはこれ以前のことを論じる方法を見つけられなかった。結局、ダーウィンはここでも生命自体の起源を説明するのと同じ方法を用いた。彼の理論の説明を超えて、偶然の効果にゆだねてしまった。「神経がどのようにして光に反応するようになったかについては、生命がどのように生じたかという問題以上に、いまの私たちの関心の外にある。しかし私はいくつかの事実から、何らかの感受性神経が光に反応するようになった可能性があると思っている[62]」

考えてみると、これと同じダーウィンのジレンマは、まったく新しいことが起こったときはいつでも生じる。目の発生については、ゲーリングがもっと細かい分析をしている[63]。モノーが予見したように、目は偶然と必然の両方の産物だというのだ[64]。目の元祖には二つの要素が求められる。光受容細胞と色素細胞だ。光受容体が最初に形成されたのは偶然の出来事だった。選択を通して試行錯誤を重ねる、時間のかかる逐次検索によって起こったわけではない。光受容性の色素分子が細胞によって捕獲され、その後は$Pax6$遺伝子によって調節された。それを外から見ると、とても長い地質学的時間、光受容細胞に色素は存在しなかったが、その後、比較的短い期間に、細胞+色素が出現した。色素は補獲されたのかもしれないし、そうでないかもしれない。これらはすべて、〝数え切れない〟〝わずかな変化〟がなくても起こる。分子が選択のふるいをすり抜けねばならなかったし、それ以来ずっと細かく調整されている。ただしそれは重大な出来事が起きたあとだ。同じように原初の色素細胞は、どこにでもあるメラニン色素が一つの細胞の中で、すでに獲得されていた光受容性色素とともに存在したところから生じた。ある時点でこの単細胞が、おそらく細胞分化制御遺伝子の働きで二種類に分かれるという、やはり確率的な出来事が起こった。ここでも〝外から〟見れば、比較的長く何も起きない時期があり、その後、二つの細胞に分裂するが、これはまさに一発勝負で、娘細胞が生まれるか生まれないかのどちらかだった。「われわれはこうした考察から、ダーウィンが論じた原初の目は、単独の細胞から、$Pax6$が光受容細胞を、$Mitf$が色素細胞を調整するという細胞分化によって生じたと結論する」[65]

要するに、原初の目は二個の細胞から生じたというダーウィンの説は、古典的な試行錯誤による選択の公式には当てはまらない。むしろ目の〝カメラのフィルム〟という新しい機能を生じさせた二つの別個の確率的で唐突な出来事があった。その後、何が起こったのか。目の本体、レンズなどには、ダーウィンが書いているような驚くべき進歩や改良が数多く起こったが、フィルムについては変化がはるかに少ない。それは決してコダックから離れてポラロイドに移り、最後にはデジカメにたどりつくというようなものではない。最初の二つの重要なイノベーションは、何度も起こったわけでもなく、わずかな変化だったわけでもない[66]。年表の中で、それは二つのきわめて目立つ出来事であり、突然起きた、大きく急激な変化であり、その前後にはあまり大きなことは起こっていない——これは均衡状態と革新的出来事のパターンで、このすぐあとで説明するように、ヒトの系統にも見られる[67]。

それでも〝ダーウィン原理主義者〟は、どの段階でも途切れのない漸進的な継続性が必要な大昔からの連鎖に固執し、人間の言語に見られるのと同じ特徴をもつ種がいるはずだと考える。この枠組みだと、チンパンジーが調理をするという発見[68]は、文字通り火に油を注いで、私たちにごく近い生物は言語に関しても私たちに近いはずだという考えを煽り立てる。しかしこの章ですでに、ボーンケッセル＝シュレセウスキーらとフランクらの主張に関してふれたように（第4章でもふたたび取り上げる）、チンパンジーは言語に関しては人とまったく似ていない。

この原理主義者の斉一論的イメージは、〝小突然変異説〟と呼べるかもしれない。この従来のイメージの中でよく取り上げられる別の見解は——たいていわら人形（無価値なもの）として揶揄される——まったく反対の、ゴールドシュミットが提唱したいわゆる（そして評判の悪い）〝有望なモンスター〟仮説だ[69]。彼はゲノムと形態学上大きな変化——新しい種の出現でさえ——は、たった一世代で起こると仮定した。〝有望なモンスター〟は問題外と思われるため、小突然変異以外の変化が起こる可能性は無視している人が多い。

しかしこれは誤った二分法だ。すでに見たように、これが経験的に誤りにすぎないと信じられる理由がある。進化上の新機軸の多くは——たとえば細胞核、線状DNA、そしておそらくレーンが述べたように[70]、言語は小突然変異VS有望なモンスターという杓子定規には収まらない。理論的観点からすると、小突然変異説を採用する見方は、総合説の絶頂期に近い一九三〇年あたりで時が止まったかのように変わっていない。一九三〇年、三人の総合説主唱者の一人であるR・A・フィッシャーが『自然選択の遺伝学的理論』を発表した。この中で単純な適応の幾何学的数学モデルを示し、顕微鏡の焦点にたとえた[71]。直感的には、一点で焦点が合う像に近づいていくとき、本当に少しずつ距離を変えていかないと、うまく焦点を合わせられない。距離を変える調節ハンドルを大きく動かしてしまうと、望ましいスポットから離れてしまう可能性が高い。これは直感的に納得しやすいので、今後、何世代かにわたって進化生物学者たちはまったく疑いをさしはさまないだろうと思われていた。しかし最近になってそれが変わってきた。

　フィッシャーはこのモデルの結果を使って、進化における適応のための変化はすべて小突然変異的、つまり限りなく小さな変化からなり、その表現型の効果はゼロに近づくと論じた。オールはこう述べている。「自然選択だけが進化の創造性の源として働くということを、この事実が基本的に証明している……選択は連続的、ほぼ流動的に適応を形づくるので、突然変異自体は表現型にほとんど、あるいはまったく影響を与えない」[72]（強調引用者）

とくにフィッシャーのモデルは、表現型にごくわずかに影響する突然変異は生き残る確率が五〇％あるが、もっと大きな突然変異が生き残る可能性は指数関数的に低下することを示唆している。フィッシャーのモデルを採用すると、当然のことながら、表現型に大きく影響する遺伝子は適応に何らかの役割を果たすことはない。オールはこう述べている。[73]

フィッシャーのモデルの歴史的な重要性は、いくら評価してもたりない。彼の分析だけで、表現効果は適応にほとんど、あるいはまったく影響しないことを、[74] ほとんどの進化論者に納得させた。実際、文献のレビューによれば、総合説の大御所のほぼすべてが、小突然変異を支持する唯一の根拠としてフィッシャーのモデルの力を引用していることがわかる。[75] 例外はJ・B・S・ホールデンだけのようだ。

そして実際、言語の進化についての議論のよりどころとなっているすべての研究が、フィッシャーの見解を受け入れているようだ。そしてそれが自然選択を左右する大きな役割を果たしていることについても認めている。フィッチのコメントがその代表で、〝顕微鏡の焦点合わせ〟の比喩に従っている。「大きな質的変化が適応に果たす役割について反対する議論の中心にあるのは、自然界で目にする大突然変異は、適応の機能を強化するのではなく、破壊しているということだ。生物は細かく調整されたシステムで、大きな無作為の変化をともなって生まれた個体が、適者として生存し続けるチャンスはわずかしかない」

トーラマン[77]はマクマン&マクマン[78]を引用し、自分もその二人も、フィッシャーの漸進主義を受け入れていることを示している。マクマン&マクマン（一人は言語学者でもう一人は遺伝学者）は「生物学的進化はたいていゆっくり少しずつ進むものであり、突然、大きく変化するものではない」、そして「大突然変異が短期間で大きな変化を起こす」ことについては「後者は進化上、とても可能性が低い」と述べている。

しかしフィッシャーは間違っていた。一九八〇年代の適応の遺伝学に関する実験的研究は、個々の遺伝子が表現型に驚くほど大きな効果をもたらす可能性があることを示している。ここでオールの言葉すべてをまた引用する価値がある。

一九八〇年代……研究方法が開発され、適応の遺伝学について多くの正確なデータが収集できるようになった――それが量的形質遺伝子座（QTL）分析だ……。QTL分析では、集団あるいは種の間の表現型の違いに関する遺伝的基盤は、マッピングされた一連の分子マーカーを使って分析できる。微生物の進化についての研究では、微生物を新しい環境に置いてその環境に適応させる。そして遺伝子ツールと分子ツールを使い、その適応の根底にある遺伝的変化の一部、あるいはすべてを明らかにできる。どちらの結果も驚くべきものだった。進化は比較的効果の大きな遺伝子変化を伴うことが多く、少なくともいくつかのケースでは、変化の総数はそれほど多くないようだった……結果は、トゲウオの防衛機能としての腹部の構造の減退、ショウジョウバエの幼虫におけるトリコーム（繊毛）の喪失、そしてトウモロコシやミズホオズキの種の新しい形態の進化の分析といった古典的研究も含む。微生物の研究ではさらに、適応の初期に起きた遺伝的変化のほうが、あとで起こった変化よりも適応効果が高いこと、平行適応進化がきわめて多く見られることが明らかになった。(79)

事実、オールの前に木村資生が、私たちが前に論じた生物学的進化の確率的性質から生じる、フィッシャーのモデルの根本的な欠陥に気づいていた。(80) フィッシャーは有益な突然変異の確率的な喪失の可能性を、正しく考慮していなかった。木村は表現型に与える影響が大きな変化ほど、失われる可能性が少ないことを指摘した。木村のモデルでは、適応の経過にあっては中規模の突然変異のほうが起こりやすいはずだ。しかしこのモデルにも、〝適応のための歩行〟で、一歩ではなく、一気に数歩進むことを説明するには、多少の修正が必要だった。[81] オールはこう述べている。「したがってフィッシャーのモデルの適応には、表現型への影響が比較的大きい突然変異がいくらかと、影響が小さい変異が数多く含まれている。……つまり適応の特徴は収穫逓減のパターンで示される。影響の大きな突然変異がだいたい先に、小さいものがあとで作用する」[82]。この進化上の変化は、弾んでいるボールとしてイメージできる。最初は大きくバウンドするが、しだいにバウンドは小さくなる――これが収穫逓減の図だ。この発見は、最初の段階は小突然変異による変化だと主張する言語進化のシナリオすべてに、明確な影響を持つ。従来の言語進化のシナリオでは、簡単に言うと、数が少なく予期できない大突然変異の変化よりも、小突然変異のほうが、第一歩としては有効かもしれないということで、実際にそうであることもある。しかし現代の進化理論、実験、野外調査はすべて、影響の大きな突然変異がだいたい先に、小さいものがあとで機能する立場を支持している。ゴールドシュミットの〝有望なモンスター〟を事実と考える必要もない。そこには安全な妥協点がある。ある特定の状況で実際に起こっていることは、どんなものであれ未解決のままだ。常に生物学はニュートン物理学ではなく判例法に近い。私たちの手元にある手がかり（このあとすぐ、そして4章でも論じる）によれば、比較的速い変化が起きたことを示している。その時期は、解剖学的現生人類［多くの表現型が現代人と一致するホモ・サピエンス］がアフリカに現れた約二〇万年前から、その後、彼らがアフリカを出た六万年前の間だ。

このダーウィン主義と進化上の変化の現代的解釈から、何を学べるだろうか。基本的には代価に見合ったものを得る。そしてもし代価を払うなら、自分で買ったもの――あらゆる結果を含むすべて――を理解するべきだ。フィッシャーのモデルを選ぶなら、必然的に小突然変異主義を受け入れ、言語の進化の原動力として、自然選択以外を排除していることが前提となる。すでに見たように、単純細胞の原核生物から複雑な細胞の起源を説明することも、目の起源を説明することも、その他、多くのことができなくなる。一方、もしフィッシャーのモデルを受け入れず、もっと現代的な見解を取るなら、より豊かな可能性への扉は開かれたままになる。

人間の話に戻ると、私たちヒト属についての原始考古学の記録の検証は、少しずつゆっくりとした変化をするのではないという、非漸進主義の見解を支持している。「新しい技術と新しい種の出現（および消滅）が、時期的に離れて起こる」パターンが繰り返される。[83]基本的なポイントはわかりやすい。タタソールによれば、形態が異なったヒト属の新しい種が出現したとき、技術的、文化的なイノベーションが同時に起こることはなかった。技術的・文化的なイノベーションは、新しいヒトの種が出現したはるかあとで――何十万年の単位で――現れる。言い換えると、タタソールが書いているように「技術的なイノベーションは新しいヒト科の種の出現とは関わっていない」のだ。[84] たとえば様式1のオルドワン石器は、いまから二五〇万年前につくられた。それよりさらに古い、いまから三三〇万年前の道具が、つい最近ケニアのロメクィで見つかった。[85] これらと同じタイプの道具が、その後おそらく一〇〇万年間使い続けられ、やがてまったく新しい様式2のアシューリアン型の手斧が現れた。しかしタタソールが指摘しているように、この技術イノベーションは「地上にホモ・エルガステルとして知られる新しい人類が現れたずっとあとのことだ」[86]。最近の批評では、古代DNAの復元とネアンデルタール人とデニソワ人のゲノム配列の解析を行なった著名な科学者スヴァンテ・ペーボも同じ見方をしている。「考古学者が発掘したときそれとわかる石器を、ヒトの祖先がつくるようになったのはたった二六〇万年前だ。しかし、つくられる道具の種類はそれから何十万年もあまり変わらなかった」[87]。

同じように、ヒト属の脳は大きくなり続け、ネアンデルタール人の頭蓋容量の平均は現生人類より大きかったが、行動や物質面での進歩はずっと遅れをとっていた。道具が急激に変化し始め、明らかにシンボル的な意味を持つ工芸品（たとえば貝殻の装飾品や顔料の使用、特にブロンボス洞窟で見つかった約八万年の幾何学文様が刻まれた石）が出現したのは、アフリカに初めて現生人類が現れてからだ。(88) これについてもペーボは同意している。私たちとネアンデルタール人とを分け、人類が初めて海を越えてアフリカを出て、ほんの数万年で地球全体に広がるのをあと押しした何かがあったはずだと言う。それは何だったのだろうか。

タタソールと同じように、ペーボもネアンデルタール人には造形美術や装飾といった、現代的な象徴的行動がないことを指摘している。それは強力な手がかりとなる。(89) アフリカを出た私たちの祖先は、すでに〝それ〟を持っていて、私たちはタタソールと同じように、〝それ〟とは言語だったと考えている。これについてはペーボの考えは異なる。彼は私たちを他の種と分けるものは「注意を共有しようとする性向と他者から複雑なことを学ぼうとする能力である」と示唆している。ここでは同業者のマイケル・トマセロにならって、言語を文化学習の一側面ととらえている。(90) 言語とその獲得についての彼の考えは間違いだと私たちは感じている。ペーボは前世紀の〝ボアズ流〟の人類学的見解に戻っているように見える。これについては次の章で説明しよう。

いずれにしても私たちの祖先がアフリカを出た結果、ヒトという特定の種（私たちのこと）がやがて世界を支配するようになり、ネアンデルタール人とデニソワ人のゲノムのよいところはすべてわがものにし、そうでないものは切り捨てた——奇抜な考えかもしれないが、その後のわれわれの種の歴史を知っている者にとってはおなじみの不穏な想像である。

新しい道具をつくる技術や、火や家や造形美術といったイノベーションには、どんな種類の〝漸進主義〟も見られない。管理された火の使用は約一〇〇万年前に始まったが、それはホモ・エルガステルが登場してから五〇万年はたったころだ。タタソールはこの、均衡状態のあとに革新的な大事件が起こるパターンは、〝外適応〟の考えと一致すると指摘している。それはつまり、自然選択による進化では常に、すでに存在している形質を新しいことに利用する。そこではある形質が将来役に立つだろうという〝先見的な予知〟はありえない。したがってイノベーションは、いずれ選択にさらされる機能とは関係なく生じる。自然選択はふるいのような働きを持つが、目の前にあるものしかふるい分けられない。イノベーションは、どうにかして他の方法で生み出されなければならない。砂金が金塊に形を変えるように。言語のもとになる要素は、ある意味、すでに存在していなければならない。しかしそのもととは何だったのだろう?

## 三極モデル、音声学習とゲノム学

言語の起源についてのどんな説明も、何が進化したのかという問題に正面から取り組まなくてはならない。私たちが考案した三極モデルの枠組みならば無理なく、先にあげた三つの要素として説明できる。（1）語に類似する原始的要素をともなう組み合わせ演算「併合」は、おおまかに言うと人間言語の統辞法における〝CPU〟である。そして次の二つのインターフェイス、（2）音声学習および産出、外在化のための言語システムの一部である感覚‐運動インターフェイスと、（3）思考のための概念‐意図インターフェイス。ここで私たちは（2）の、感覚‐運動インターフェイスを介した音声学習と言語産出を重点的に扱う。

この章の最初でふれたように、鳴鳥のような動物のモデルがあるおかげで、研究者は音声学習の理解に近づいているように思える――そこには遺伝的にモジュラー式の入力‐出力順次処理要素が存在するようだ。フェニングらは、この要素は音声学習するどの種でも、比較的、均一的だと示唆している。[91] それは進化上も、生物物理学上も制約があり、音声学習システムを構築する道が限られているからだ。だからといって種特有の調整の余地がなくなるわけではない。たとえば人間の聴力と発話、あるいはジェスチャーと視覚のようなケースがある。

この〝入力‐出力〟のイメージは*FOXP2*の話とも一致する。私たちの見解では、*FOXP2*は基本的に（2）の感覚運動インターフェイスをつくるシステムの一部であり、コンピュータのCPUではなく接続されたプリンターのように狭義の統辞法の外在化に関わっていると考える。第3章ではこの立場に対する言語学的な経験的証拠について検討する。しかし他にも証拠はある。ヒトと同様の変異を起こした*Foxp2*を導入されたマウスを使った最近の実験では、その変異遺伝子が〝大脳皮質‐大脳基底核回路を修正〟し、宣言的に［言葉で説明できるような形で］獲得した運動技能を、手続き記憶（自転車に乗るなど）に変える能力を向上させることが示唆された(92)。この発見は外在化についての見解とも矛盾しない。宣言的な技能から（無意識の）運動技能への変化は、まさに人の子どもが口、舌、唇、声道、指の複雑な動きを組み合わせて、発話やジェスチャーを覚えるときに行なっていることに思われる。もちろん彼らも書いているように、まだわかっていないことが多く「これらの発見にどのくらいヒト化された*Foxp2*遺伝子の影響があるのか、言語や発話能力の獲得といった形質を可能にするヒトの脳の形成にどの程度関わっているのかはわかっていない(93)」

少なくとも私たちにとって、シュライヴァイスの実験は、フェニングと同僚らの発見(94)とともに、言語の外在化システムにおける音声学習と産出の側面が、人間に特有のものではないことを確認している。およそ六億年という生物の歴史の中で、人間は鳥とは違うものに進化した。それでも音声学習する鳴鳥の種（キンカチョウ、ハチドリなど）における、さえずりと発声のために特殊化した脳領域やゲノムの特殊化は、音声学習するヒトの種のそれと著しく似ていて、その類似は収斂進化的なものと思われる。対照的に、音声学習しない鳥類（ニワトリ、ウズラ、ハト）や音声を持たないヒト以外の霊長類（マカク）と音声学習者（鳴鳥でも人間でも）との間で、これらのゲノムの特殊化は共有されていない。

フェニングらは鳴鳥、オウム、ハチドリ、ハト、ウズラ、マカク、そして人間の脳から、何千という遺伝子を選び出し、その遺伝子発現レベル（転写レベルが高いか低いか）を調べ、すべての種において、脳領域の高度な階層分解と関連付けようとした。その目的は、ある遺伝子がより顕著に発現している小領域が、音声学習しない種（ハト、ウズラ、マカク）では一致せず、音声学習する種（鳴鳥、オウム、ハチドリ、人間）では一致しているかどうかを調べることだった。答えはイエスだった。音声学習する種では、同じゲノム転写プロフィールが並ぶが、音声学習する種としない種では異なっていた。遺伝子をアンプの音と調子の制御装置とするなら、それらは音声学習する種ではすべて、同じように〝調整〟されている。そしてその調整法は、音声学習しない種とは違っている。

たとえば鳴鳥と人間はどちらも、脳内の相同部位、鳥類の弓外套頭健核（RA）と呼ばれる部位とヒトの喉頭運動皮質で、軸索誘導遺伝子*SLIT1*（*FOXP2*のDNAターゲット）の下方制御がある。フェニングらが指摘しているように、*SLIT1*のタンパク質産物は「*ROBO1*軸索誘導受容体と合わせて作用し、*ROBO1*の突然変異は、人間に読字障害や発話障害を引き起こす。……*ROBO1*は音声学習する哺乳類で収斂アミノ酸置換を持つ五つの候補遺伝子の一つだ[95]」。*SLIT1*遺伝子は間違いなく、鳴鳥と人間の脳がきちんと〝配線されている〟ことを確実にする発生ネットワークの一部である」*FOXP2*と同じように、この方法で発見された遺伝子の多くが、DNAやそれに対応するタンパク質を上方あるいは下方制御している。しかしそれらすべてがどのような因果関係をもって関わり合っているかはまだわからない。フェニングは（私信で）少なくともその一部でも追求する次のステップを考えているという。それは〝調節装置を調節する〟DNAモチーフを見つけることも含まれる。これはまさしく正しいアプローチであり、私たちが進化と進化上の変化について概観してきたことに関わっている。キングとウィルソンの先駆的な研究[96]が発表されて以来、高分子レベル――生物の生化学的な働きに関わるタンパク質――では人間とチンパンジーは九九％同じであり、その同一性はおそらく人間とヒト以外の祖先を比べたとき、さらに強く見られることを知っている。キングとウィルソンは明白かつ重要な結論を引き出している。人間とチンパンジーの違いは主に調節要素にあると。これはつまり、タンパク質をコードする遺伝子の変化は、進化に関わる動きがあるところで起こるわけではないかもしれないということだ。特に人間特有の性質を生じさせる進化は比較的最近のことなので、なおさら考えにくい。

この四〇年で、キングとウィルソンの洞察が正しいことが確かめられている。たとえばノンコーディングDNAだけでなく遺伝子の働きを制御する他のすべての要素、DNAの周囲を取り巻くクロマチンから、発生中（特に脳の発生）のDNAのマイクロRNA制御まで。これらはいわゆる進化発生学《エボデボ》革命の一部[97]である。

ここではDNAを制御する遺伝子調節系の一つの因子、いわゆるエンハンサーと、なぜこの種の調節系の進化がそれほど重要になったかに話を絞ろう（他にも進化上の変化で重要と思われるゲノム領域、たとえばシスエレメントなどはあるが、ここで取り上げる余裕はない。Wray 2007を参照）。エンハンサーは一五〇〇から二〇〇〇のDNAヌクレオチド（アデニン、チミン、シトシン、グアニン）からなる短いDNA鎖で、ヘモグロビンを構成するβグロビンの*HBB*遺伝子や、FOXP2タンパク質の*FOXP2*遺伝子のように、機能タンパク質をコードしていない。エンハンサーは何のタンパク質もコードしていないのだ。このようなものはノンコーディングDNAと呼ばれる。その機能は何だろう？　エンハンサーはタンパク質をコードした遺伝子の出発点から、〝上流〟あるいは〝下流〟の、いくらか（おそらく一〇〇万ヌクレオチド分くらい）離れたところにあり、〝ねじれる〟ようにして、DNA転写を始めるのに必要な他の要素――プロモーター、RNAポリメラーゼⅡをはじめとする転写因子（おそらく*FOXP2*そのものも）――とともにその出発点に接続する。すべての要素があるべき場所に収まると、（いくぶん比喩的だが）プロモーターがスイッチを入れ、DNA転写のエンジンが動きはじめる。

進化という観点からエンハンサーが興味深い理由は、少なくとも二つある。一つはタンパク質をコードしたDNAよりも標的が狭いこと。タンパク質をコードしたDNAは生体内の多くの異なる組織や細胞で使われ、役割が一つとは限らない（実際に二つ以上の役割があることが多い）が、エンハンサーが影響を与えるのは一つのDNA断片だけで、プロモーターや転写因子とともに、特定の状況に合わせて働く。結果的に、エンハンサーは突然変異を起こしやすいが、非局所的に有害な影響をもたらすことはない。エンハンサーは、いわば、モジュール的なのだ。これは進化の実験にはもってこいだ。スパナを押し込んで複雑な機械を壊す心配はあまりない。第二に、エンハンサーは二本のDNA鎖の一本だけにある（ふつうはタンパク質をコードするDNAと同じ鎖）。これがタンパク質をコードしたDN

Aと違う点だ。よく引き合いに出される青い目のように、表現型が表に出るためには、タンパク質をコードするDNAが鎖の両方に存在する、いわゆる同型接合状態である必要があるかもしれない。この点が進化の上で有利なもう一つの特徴で、DNAの二本鎖が両方とも変わる必要がない。要するに進化の試行錯誤は、原則的にエンハンサーがあったほうがはるかに楽になる。人間には一〇万以上のエンハンサーが存在し、そのすべてが特定の遺伝子コンテクストで働く。鳥類研究者が鳥と人の音声学習についてさらに理解を深めるために、次に深く研究するのがこの部分であっても驚きはしないだろう。この考え方が正しいことを証明したのは、人間とチンパンジーの、ニューロンの細胞分裂を促すDNAの違いを、初めて機能面から確認した研究だ(98)。それについてはあとで説明しよう。

一般的な話に戻ると、こうした結果は音声学習について、進化上、どのような意味を持つのだろうか。フェニングらは、要点を次のようにまとめている。「音声学習のための集中的な神経回路には、共通の祖先から何百万年も前に分岐した種における、複数の遺伝子での収斂的な分子変化がともなうという発見は、複雑な形質のための脳の回路は、祖先から進化する道筋が限られていることを示している(99)」。言い換えると、音声学習を組み立てる〝ツールキット〟は、どの種がすばやく〝起動〟して速く進化できるかどうかとは関係なく、(昔からあまり変化のない)一〇〇から二〇〇くらいの特殊化した遺伝子パッケージでできているかもしれないということだ。これは言語が比較的、短い期間で出現したという私たちの仮説の全体像だけでなく、入力‐出力の外在化システムの進化と、人間言語の統辞法の〝中央処理装置〟を区別する方法論とも一致する。

現代の分子生物学で、人間の脳と言語の進化について他にどのようなことがわかるだろうか。この急激に進歩している分野については、ここで公平な評価をすることはできないが、重要なポイントとよく知られた障害をいくつかあげておこう。

一つ目は、大昔のＤＮＡを調べる最近の研究により、いまやゲノム間にどのような違いがいくつ存在するかを予測することが可能で、すでにわかっている人間とネアンデルタール人、デニソワ人、そしてチンパンジーのゲノムとがどのくらい異なり、どのくらい一致するか調べられるようになった。予測された違いについては、消滅したヒト属の祖先（たとえばネアンデルタール人）から分岐したのはわりと最近——五〇万年から七〇万年前——のことで、現生人類が南アフリカに現れたのは二〇万年ほど前であることだ。つまりこれら出来事の間には、だいたい四〇万年の進化の時間がある。理論的集団遺伝学のツール、たとえば選択の強さ、人口規模、ＤＮＡの突然変異率などの推定値を使って、有利に選択された明確なゲノム領域が、人間集団の中でいくつ固定しているか——つまり現代人においては変化がないので機能的に重要と思われる——は計算できるが、それは人間以外の種では違っている。二〇万年前の人間について、いわゆる集団の有効な大きさは、いくつかのソースからだいたい一万と推定されている。これは他の多くの哺乳類と比べると比較的小さい。[100] どんな状況であっても、選択上の強み――適応度でsと示される――を推定するのは難しいが、最近見られた、ある集団における選択の最強のシグナルのデータを使うことができる。それはラクターゼ持続遺伝子*LCT*で、[101] sは上限の〇・一〇。これはきわめて高い数値だ。これらの変数を使った最近の分析では七〇〇の有利な突然変異があり、選択的優位性sが高くても（〇・〇一）、人間集団で固定されたのはたった一四と推定された。生存数が少ないのは前節で説明した「確率的重力井戸効果」のためで、喪失の確率はおよそ（1－S/2）で七〇〇の九八％、六八六が失われ、一四が固定された。[102]

この理論的な推定値は、経験的に求められた数値と、実はかなり近い。ネアンデルタール人とデニソワ人の全ゲノム配列決定からわかったのは、それぞれ八七と二六〇の、機能的（アミノ酸の変化）なゲノムの違い――現生人類に固定されているがその消滅した二つの種には存在しない――があるということだ。[103] ペーボが書いているように、そのような違いがとくに重要なのは、少なくともゲノムの視点から、私たちを人間たらしめているものを強調してくれるからだ。ネアンデルタール人と現生人類との違いに目を向けると、単独のDNAヌクレオチドの違い（一塩基多型＝SNPs）は、およそ四〇億の可能性のうち三万一三八九しかない。DNAヌクレオチドの挿入や欠失は一一二五、調節領域の違いは三一一七（特別な定義での〝調節〟）、そしてアミノ酸の違いは、八七の遺伝子でたったの九六だ（二つ以上のアミノ酸の違いを持つ遺伝子もある）。この〝違いのリスト〟から何がわかるだろうか？

三万あまりのSNPのうち多く――ほとんどと言ってもいい――は、自然選択のふるいの中で何も変化は起こさないらしい。つまり〝中立〟だ。ペーボにならって、ここでは三〇〇〇ほどの調節領域の違いは除く。すると私たちとネアンデルタール人との違いは、たった八七のタンパク質コードの違いになる。それほど多くはない。たとえば私たちはネアンデルタール人と同じFOXP2タンパクを持っているが、*FOXP2*のある調節領域は人間の集団で固定しておらず、その変異体はネアンデルタール人とやや違っているという証拠がある。これについてはさらに第4章で説明する。[104] さまざまなタンパク質をコードしている遺伝子の中でも、言語と認知にはおそらく関わっていないものもある。たとえば少なくとも三つの異種の遺伝子が皮膚の形成に関わっているが、これは人の体毛がなくなることや、その結果として皮膚の色素沈着が変化することを考えると筋が通っている。

他のゲノムの違いは、認知の進化に関わっている可能性が高いと思われる。たとえばペーボは人間にあってネアンデルタール人にはない三つの遺伝子変異――*CASC5*、*S*

PAG5、KIF18A――をあげている。これらは幹細胞が分裂して脳をつくる、いわゆる〝増殖ゾーン〟での神経細胞分裂に関わっている。[105] しかし本書を執筆している時点では、これらの遺伝子がコードしているタンパク質が、本当に成長の結果や表現型の違いにつながり、ネアンデルタール人とは違う大きな脳、あるいは異なる脳ができるのかはわからない――より正確には、適切な部位が大きくなった脳だ。ネアンデルタール人の頭蓋容量は平均すれば私たちより大きいが、おそらく後頭部が張り出していた。そして乗り越えなければならない大きな障害は、遺伝子型から表現型への道筋を解明することだ。

脳の発生に関わる調節遺伝子の違いについては、少なくとも一つ、機能上の問題に答えることができる。ただしそれは人間と他の大型類人猿との違いで、ネアンデルタール人との違いではない。[106] ヒト属の系統では全般的に頭蓋容量と脳の大きさが増加していて、約二〇〇万～二八〇万年前に生きていたホモ・ハビリスの頭蓋容量は、新たに七二七～八四六立方センチメートルと推定された。その後に現れたホモ・エレクトゥスは八五〇～一一〇〇立方センチメートルで、そこからずっと増加している。ヒト属の系統は他の大型類人猿とは違っている。脳が大きくなったのはなぜだろうか。急激な進化をとげている最中の人間のエンハンサー領域を見ると、その多くが脳をつくることに関わる遺伝子のそばにあった。[107] ボイドらは人間とチンパンジーで違っているエンハンサーの一つであるHARE5に狙いを定め、ヒトあるいはチンパンジーのHARE5を導入した遺伝子組み換えマウスを作成した。それらのマウスでは、大脳皮質に違うパターンの成長が見られたか。答えはイエスだ。ヒトの遺伝子を導入されたマウスでは、ふつうのマウス、あるいはチンパンジーのHARE5を導入されたマウスに比べ、脳の大きさが一二パーセント増加した。これは神経前駆細胞の分裂スピードが上がったためのようだ。先ほど説明したとおり、HARE5エンハンサーは、大脳新皮質の発達に関わる重要な遺伝子FZD8のプロモーター領域とともに働いている。この研究はネアンデルタール人とヒトとの相違点リストにある八七の遺伝子すべての表現効果を、(骨の折れる仕事ではあるが)実験的に確かめる一つの道を示している。しかし私たちはより多くを知る必要があるだろう。HARE5が脳の成長を促すとしても、脳の成長が言語と呼ぶ認知の表現型とどう結びつくか、さらに調べる必要がある。

三〇〇〇あまりの調節遺伝子の違いはどうだろうか。ソメルらは「人間の脳の発達は基本的に、人間とネアンデルタール人との分岐と現生人類が登場するまでの比較的、短期間に起こったいくつかの遺伝的出来事を通じて再形成されたことを示す証拠が次々と見つかっている」と述べている。[108] 彼らはネアンデルタール人と私たちとの、ある一つの違いを指摘している。それはシナプスの成長の調節因子、MEF2A(ミオサイト・エンハンサー・ファクター2）の上流に現れる調節DNAの鎖だ。彼らはこれを「人間の大脳皮質での長期にわたるシナプスの成長を調節する潜在的な転写制御因子」と呼んでいる。人間の発達に特有な性質の一つである、子ども時代が長いことに関わる。[109] しかしそれを短いDNA配列一つで説明しようとするには、荷が重すぎると思われる。

他にもチンパンジーと人間との最後の共通の祖先から現在までの間に、頭蓋の形態や神経の成長に関わる新しい遺伝子や調節要素が増えていて、これらもヒト属に共通している。たとえば*SRGAP2*という遺伝子は、人間の大脳皮質の発達とニューロンの成長に関わっていることが知られている。これは人間へとつながる系統の中で三回、重複が起こり、そのうち一回はちょうどヒト属が現れた二〇〇万～三五〇万年前頃に起こった。[110] このような遺伝子の重複が起こると、一つが〝自由に〟なって新しい機能を持てるようになるので、進化のイノベーションで重要な役割を果たすことがわかっている。[111] これについては本章の注67を参照してほしい。

何が言いたいかというと、問題はネアンデルタール人が言語を持っていたかどうかだ。現代人とネアンデルタール人やデニソワ人とのゲノムの違いは少ないので、この問いにイエスと答える研究者もいる。しかし私たちは懐疑的だ。私たちはまだ基本特性のゲノム、あるいは神経的な基盤について理解できていない。八万年前に存在していた、解剖学的には現代人になっていた人々でさえ、言語を持っていたと断定するのはほぼ不可能だ。根拠として求められるのは、言語行動に代わるシンボルである。タタソールとともに[112]、私たちはネアンデルタール人のシンボル行動を示す物質的証拠はきわめて少ないと言わざるをえない。対照的に、八万年前に南アフリカにいた解剖学的現生人類は、シンボル行動をしていたことを示す明らかな兆候がある。これはヨーロッパへと向かう以前のことだ。第4章でふたたびこの問題を取り上げる。

全体的な問題は、神経〝ウェットウェア［人間の脳のこと］〟でごく基本的な計算操作がどのように行なわれているのか、私たちがほとんど理解していないことだ。たとえばランディ・ガリステルが繰り返し主張しているように、コンピュータ科学者があるコンピュータについてまず知りたいと思うのは、それがどのようにデータをメモリに書き込み、メモリから読み出すかということだ。これはテューリングマシンをはじめ、どんな計算装置にとっても基本的な操作だ。しかし私たちはこの計算の最も基本的な要素が、脳内でどのように実行されているか完全に理解していない[113]。たとえば言語の階層構造処理がどのように実行されているかについて、一般的な答えの一つは、〝プッシュダウンスタック〟を模すための神経活動の指数関数的減衰をともなう、再帰型神経ネットワークというものだ[114]。あいにく単純な生物エネルギー論的な計算で、それが正しい可能性は低いことがわかる。ガリステルが述べているとおり、一回の活動電位、〝スパイク〟が起こるには、7×$10^{8}$のATP分子（生きた細胞に貯蔵されている分子の〝電池〟）の加水分解が必要だ。一操作に一スパイクとして、必要なデータ処理力を得るには、だいたい一秒に$10^{14}$回のスパイクが起こらなくてはならないと、ガリステルは推定している。私たちは長い時間、考えたり本を読んだりして、頭に血を上らせているが、そこまでではない。神経スパイクの連続に基づくどんな方法（動的状態アプローチを含め）でも、これと同じことが問題になるが、しばしばこの問題は看過されてきた（詳細はGallistel and King 2009を参照）。言語の認知科学の重大な問題には名前を付ける流儀にならい（〝プラトンの問題〟や〝ダーウィンの問題〟のように）、私たちはこれを〝ガリステルの問題〟と呼ぶ。第4章ではこのガリステルの問題について、計算と併合と関連させてさらに論じる。

およそ五〇年前、マーヴィン・ミンスキーが一九六七年に出版した著書『計算機の数学的理論』（金山裕訳、近代科学社、一九七〇）で、ほぼ同じ言葉でガリステルの問題を提示し、事情がほとんど変わっていないことを強調している。「残念ながら、神経系で情報がどのように保管されているか、つまりどうやって学習しているかについて、いまだはっきりわかっていることもなければ、一般に認められている理論さえない。……ある理論では、短期記憶は〝動的〟であり、閉じたニューロンの連鎖の中で反響するパルスの形でたくわえらえているとしている……最近、記憶は遺伝情報と同じように、核酸鎖の形で保管されていると主張する説がいくつも発表されているが、読み込み／読み出しメカニズムをうまく説明できるものは見当たらない」[115]。私たちが知る限り、ミンスキーのこの言葉がいまの状況にも当てはまり、ガリステルの問題はいまだ解決されていない。エオルシュ・サトマーリが「いま言語学が置かれている状況は、メンデルの発見直後の遺伝学が置かれていた状況と同じである。(文をつくる)原則はあるが、(神経ネットワークの)どのメカニズムが働いているかはまだわかっていない」[116]と書いているが、それは正しい。

私たちを人間たらしめているものは何か、言語は遺伝学的にどのように生じたのか大いに知りたいところなのだが、ホモ・サピエンスという種が出現したころに起こった自然選択の仕事である、正の〝選択的スウィープ〟の確実な証拠がまだ見つかっていないのはおもしろくない。しかしそれは、私たちが過去の人口統計学的情報を十分持ち合わせていないことと、選択的スウィープがめったに起こらないことを考えれば当然かもしれない。クープとプシェボルスキーが主張しているように[117]、進化はすでに集団に存在する変異を利用しているだけなのかもしれない[118]。いずれにせよ、彼らが言い続けているように、言語のような形質の遺伝的分析は「いまや人間の進化遺伝学の中心的な課題」である[119]。それには同意するしかない。

# 第2章　進化する生物言語学

言語について、特に生物学的な背景から論じる前に、その用語が何を意味しているか明確にしておかないと混乱を招く危険がある。言語《ランゲージ》という言葉は人の言語を意味するために使われることもあれば、あらゆる記号システム、あるいはコミュニケーションや表現の手段を意味することもある。たとえばハチの言語、プログラミング言語、星々の言語といった使い方だ。しかしここでは最初の意味、生物学の世界における特別な対象である、人の言語に限定する。このような意味での言語の研究は生物言語学的視座と呼ばれるようになっている。

言語に関する多くの難解な問題の中でも、特に重要なものが二つある。一つは、そもそもなぜ言語が存在するのか。しかも言語を持つのはどうやらヒト属だけらしい。これを進化生物学者は〝固有派生形質〟と呼んでいる。二つ目は、なぜこれほど多くの言語が存在するのか。これらは実は起源と変異に関する基本的な問題で、ダーウィンをはじめとする進化研究者も考え続け、近代生物学の学説の中心をなしている。なぜこの性質は、特定の生命体の系列のみに存在し、他では見られないのだろうか。この見地から、言語科学が近代生物学の中で確固たる位置を占めてはいるが、細かいことはあまり解明されていないようだ。

　古人類学者と考古学者の見方によると、これらは進化の時間尺度で見ればごく最近の問題だ。およそ二〇万年前、言語がまだ出現していなかった時代には、一つ目の問題はなかった。約六万年前には、どちらの問題に対する答えも出ていた。人の祖先の最後の出アフリカが始まって、人類が世界中に広がったが、知られている範囲で言語機能は基本的に変わっていない。それだけの短い期間であることを思えば驚くことではないだろう。正確な時期はまだわかっていないが、そこは私たちの目的にとって重要ではない。だいたいのところは合っていると思われる。何より重要なのは、石器時代のアマゾンに生きる部族の子どもを現在のボストンに連れてきても、イギリスからの最初の入植者の子孫であるボストン生まれの子どもと、言語をはじめとする認知機能は変わらないし、逆もまたしかりということだ。このようにヒトという種における〝言語機能〟の世界的な均一性は、人がアフリカを出て世界に広がる以前から、現生人類が持っていた一つの形質であることを強力に示唆している。この事実についてはすでにエリック・レネバーグが指摘している。[1] 私たちが知る限り、病的な状況は別にして言語機能は人間の集団すべてで同じだ。[2]

さらに歴史の記録をさかのぼっても、人の言語の基本的なパラメトリックな性質は固定されていて、決められた範囲の中でしか変化しない。どんな言語でも、たとえばThe apple was eatenのような受動態の文をつくるのに、語を〝数えて〟特別な標識語（この例ではwas）を特定の位置、たとえば文の三番目の位置の直後に置くというような規則はない。それは最近の脳画像の研究結果とも一致している。[3] コンピュータ言語とは違って、人の言語には〝転移〟が見られる。これはWhat did John guessの例のように、句がある位置で解釈され、違う位置で発音される現象で、これも併合から生じる性質だ。人間の言語はすべて、決められた有限の選択肢を利用している。たとえば、声帯を震わせて〝b〟と〝p〟を区別するといった基本的な調音ジェスチャーの集合があるが、すべての言語が〝b〟と〝p〟を区別するわけではない。要するに〝メニュー〟に載っているものから選ぶことはできるが、メニューに載っているものは限られているということだ。そのような〝言語のスカート丈〟が短くなったり長くなったりするようすを、動的システムモデルを使うことで、正確に示すことができる。このモデルでニヨギとバーウィックは、動詞が最後に来るドイツ語に似た言語から、より現代の形に近づいていく英語の変化を実証したが[4]、こうした言語の変化を言語の進化そのものと混同してはいけない。

私たちが関心を寄せる言語とは、実はまだ生まれてそれほど時間がたっていない不思議な生物学的対象なのだ。これは人間という種に固有の特性であり、深刻な病状がある場合は別として幅広い変異のない、本質的に生物界において他に類を見ない共通の特質で、出現したときから人間の生活の中心になったのは間違いない。これは現代の進化理論の創設者の一人であるアルフレッド・ラッセル・ウォレスが「人間の知的、道徳的性質[5]」と呼んだものの中心的な要素だ。独創的なイマジネーション、言語と象徴表現全般、自然現象の記録と解釈、複雑な社会的慣習などに対応できる才能で、〝人間的能力〟と呼ばれることもある複合体だ。その複合体はわりと最近、すべての人間の祖先となる東アフリカの小さな集団の中で結晶化し、それが人と他の動物とを明確に分け、生物の世界全体にとてつもなく重大な結果をもたらした。言語の出現はこの唐突かつドラマチックな出来事の核心ともいえる要素だと、一般に受け入れられている。さらに言語は人間的能力の中で、ある程度深いところまで研究ができる要素だ。純粋に〝言語学的〟な性質に関わる研究が、一見したところ生物学からかけ離れていても、生物言語学に分類されるのもそのためだ。

生物言語学の見地からすると、言語は基本的に、視覚、消化、免疫システムとほぼ同じ〝身体の器官〟と考えられる。他の器官と同じように、それも複雑な組織の一部で、内的な統一性があるので、生物の活動の中での他のシステムとの複雑な相互作用から切り離して研究するのは理に適っている。このケースでは言語は認知器官であり、計画、解釈、熟考などと同じように、漠然と〝心的〟と呼ばれるシステムの一つだが、一八世紀の科学者で哲学者のジョゼフ・プリーストリーの言葉を借りれば、〝脳の器質的な構造〟に落ち着く[6]。彼はニュートンが世界は機械でないと実証した（ニュートン自身にとって信じるのは不本意だったが）あと、当然の結論をはっきりと述べていた。その結論は一七世紀の科学革命の核心ともいえる前提に反し、伝統的な心身問題を事実上排除していた。その理由は身体（物質、肉体的）という一貫した概念が存在しなくなったからで、これについては一八世紀から一九世紀に理解が進んだ。言語は心的な器官と考えられるが、ここでいう心とは世界のある側面を指し、化学、光学、電気など、他の側面と同じように研究され、やがて統合される。注目すべきは、こうした他の領域で過去に起こった統合は、思いがけない形で起こることが多く、必ずしも還元によるものではないということだ。

最初に述べたとおり、興味深い心的器官である言語について、二つの疑問がすぐに浮かぶ。一つは、人間のみに備わるこの能力が、そもそもなぜ存在するのか。もう一つは、なぜ言語は一つだけではないのか。実際、なぜ言語は〝想像を超えるほど〟数が多く多様性に富んでいるのだろうか。そのためにそれぞれの言語についての研究は、「言語はこういうものという既存のスキームを使わない」方法でアプローチしなくてはならない。[7]これは五〇年以上前の著名な理論言語学者マーティン・ジョースからの引用である。ジョースは主流の〝ボアズ的伝統〟(彼はもっともらしくこう呼んだ)についてまとめ、その由来をさかのぼって、近代人類学と人類言語学の祖の一人である、フランツ・ボアズの業績に行きついた。一九五〇年代のアメリカの構造言語学の土台となった書籍、ゼリグ・ハリスの『構造言語学の方法』が〝方法〟と呼ばれたのは、限りなく多様な言語からデータを還元してきちんとした形をつくる方法以外に言語について語るべきことはほとんどないと考えられていたからだ。ヨーロッパの構造主義もほぼ同じだった。ニコライ・トルベツコイによる音韻分析の導入も、[8]考え方は同じだった。全体的に、構造主義者の研究はほぼ音韻論と形態論に限られていた。これらの分野では、言語の違いは大きく複雑で、とても興味深い問題だ。これについてはまたのちほど論じる。

当時の一般生物学の主流もそれに近く、それをよくとらえているのが、分子生物学者グンター・ステントの、生物は自由に変わるので「ほぼ無限の特性があり、ケースバイケースで整理しなければならない」[9]という観察だ。

実際のところ、均一性と多様性との両立の問題は、言語学だけでなく一般生物学でも常に生じている。一七世紀の科学革命の間に発展した言語研究は、普遍文法と個別文法を区別していた。とは言ってもそれは現代の生物言語学における意味とは少し違っている。普遍文法はこの分野の知の中心であり、個別文法は普遍的なシステムがたまたま具体化したものとみなされていた。人類言語学が発達し、振り子が逆方向の多様性に向かって振れた。それが先ほどのボアズの論に示されている。一般生物学では、その問題は一八三〇年の博物学者ジョルジュ・キュヴィエとジョフロワ・サンティレールの有名な論争で持ち上がった。多様性を強調するキュヴィエの考えは、特にダーウィン革命のあとで広く普及し、〝無限に近い〟多様性をケースバイケースで整理しなければならないという結論に向かっていった。おそらく生物学においてもっとも引用されているのは、ダーウィンの『種の起源』の最後の文、「最初はごく単純なものから、無限の形の最も美しく最もすばらしいものが進化してきて、そしていまも進化している」[10]だろう。進化生物学者のショーン・キャロルは、〝エボデボ（進化と発生の新しい科学）〟の紹介にこのタイトルを使った。[11]それは進化してできた形態は無限からはほど遠く、驚くほど均一的であることを示そうとしている。

生物形態の外見上の多様性と、その底にある均一性との両立――私たちはなぜ、他でもないこの生物の群れを見ているのか、なぜ他でもないこの言語／文法の数々を見ているのか――は、三つの因子の相互作用によって起こる。それを示したのが有名な生物学者ジャック・モノーの『偶然と必然』だった。[12] 第一は、私たちは誰もがある一つの生命体の子孫であり、そのため他の生物すべてと同じ祖先をもつという、歴史の偶然から生じた事実がある。それらによって研究されてきたのは、はるかに多彩な生物学的に可能な事象の集合を含む領域の、ごく一部にすぎない。いまや私たちが共通の遺伝子、生化学経路、その他多くのものを持っているといっても驚かないはずだ。

第二は、生理化学的な制約と、生物の可能性に限界を定める必要があるということだ。たとえば移動のために車輪のようなものが進化しなかったのは、回転してしまうと神経の制御や血液の供給が物理的に難しいためだ。

第三は、自然選択のふるい分け効果で、既存の可能性のメニューから好ましいものを選び出し――そのメニューを提示するのは歴史の偶然と生理化学的制約――それがいま私たちのまわりで目にする、実際の生物群になっている。何より重要なのは、メニューの選択肢の制約による影響だ。選択肢が極端に限られていれば、選ぶ余地がほとんどない。ファストフード店に行けば、だいたいハンバーガーとフライドポテトを買ってしまう。ダーウィンが述べているように、自然選択は決して自然界を形成する〝唯一の〟手段ではない。

「さらに、自然選択は変容のための主要な手段だが、唯一の手段ではないと確信している」[13]。

最近の発見で、生物の多様化を抑える原則についての、ダーシー・トムソン[14]とアラン・テューリングの一般的アプローチに再び注目が集まっている。ワードローの言葉を借りると、真の科学としての生物学はそれぞれの生物を、「物理と化学の一般法則が当てはまる特別な種類のシステムとみなすべきである」[15]として、多様化の可能性を制限し、基本的な性質を固定している。この見解は、マスター遺伝子、深い相同性と保存、その他、多くのことがわかっている現在では、それほど極端に感じないかもしれない。進化／発生プロセスが制約されているため「生命のタンパク質のテープが、何度も繰り返し再生される可能性がある」[16]ことまでわかっている。これはプールウィジクらによる、考えられうる突然変異の結果についてのレポートからの引用で、生命のテープを巻き戻して再生したら、さまざまな違う結果が生まれるかもしれないという、スティーヴン・グールドの有名なイメージを再解釈している。マイケル・リンチはさらに「われわれは何十年も前から、すべての真核生物で、転写、翻訳、複製、栄養摂取、代謝、細胞骨格構造などの遺伝子はほとんど同じだと知っている。発生のために、なぜ違うものを期待するのだろう？」と述べている[17]。

エボデボのアプローチについてのレビューでゲルト・ミュラーは、テューリング・タイプのパターン化モデルについての私たちの理解が、どのくらい具体的になったのかについて、次のように語る。

生物の属特有の形は……異なるパターン形成メカニズムを持つ、基本的な細胞の性質の相互作用から生じる。差異接着と細胞極性は違う種類の物理的、化学的なパターン化メカニズムで調節されると……標準的な組織的モチーフにつながり……細胞表面における差異接着の性質とその極性分布からある拡散勾配で結び付くと中空の球体になり、ある沈降勾配で結び付くと一部が落ちくぼんだ球体になる。差異接着と反応拡散メカニズムが組み合わされると、放射状に周期構造が生まれ、化学振動と組み合わさると連続的に周期構造ができる。初期の後生動物の体制は、そうした属特有のパターン化のレパートリーがさまざまに試された結果であることを示している(18)。

たとえば私たちの体に手足の指が五本ずつあるという偶発的な事実は、その機能のためには五本が最適というより、つま先と指がどのように発達したかに訴えたほうが、うまく説明できるかもしれない(19)。

生化学者のマイケル・シャーマンは、やや挑発的に「後生動物［真核生物の後方鞭毛生物。海綿動物、節足動物などを含む］のさまざまな門に不可欠な主要な発生プログラムすべてをコード化した普遍的ゲノムは、約五億年前のカンブリア紀の直前に単細胞か原始的な多細胞組織として現れた」と論じている。[20] シャーマンはさらに、多くの「後生動物の門がみな同様のゲノムを持っているのに異なっているのは、発生プログラムの特別な組み合わせを利用しているからだ[21]」と述べている。この見解によると、ごく抽象的な見方をすれば、多細胞動物は一つしかないということになる。抽象的な見方というのは、はるかに高度な文明を持つ火星人の科学者が、地球を眺めているようなものかもしれない。表面上の多様性の一部は、進化上保存された、いわゆる〝発生遺伝学のツールキット〟に由来する。この種の考えが正しいとすれば、均一性と多様性の問題は、最近の世代の科学者が驚くような形で再定式化されるだろう。表面上の均一性について、どの程度まで保存されたツールキットで説明できるかは注目に値する。すでにふれたように、表面上の均一性が生じた要因は、一つには単にじゅうぶんな時間がないからだ。偶然による血統の引き継ぎでは、遺伝子－タンパク質－形態の世界を〝いくら調べても足りない〟。特にもっと大きな成功を求めて〝後戻りして〟やり直すことはほぼ不可能なのだから。こうしたもともとの制約を考えると、スティーヴン・グールドらが強調しているように、生物はどれも発生初期の共通した形、いわゆる設計図にしたがってつくられるというのも、それほど驚くことではなくなる。その意味で、高度な知能を持つ火星の科学者が地球に来たら、彼らの目に見えるのは、表面はさまざまに違っていても、基本的に一つの生物だろう。

ダーウィンの時代も均一性に目が向けられていなかったわけではない。ダーウィンの親しい仲間であり、その解説者でもあったトマス・ハクスリーは、いくらかの戸惑いとともに、それぞれの種に「元から決まっている一連の変化」があり、それが自然選択によって「数と種類が限られた多様性を生む」ことに彼の目を向けさせた。[22] 実際、実現可能な変異の根拠と性質についての研究は、『種の起源』後のダーウィン自身の研究プログラムの大半を占め、それが『家畜・栽培植物の変異』にまとめられている。[23] ハクスリーの結論は、初期の〝合理主義形態学〟を思わせる。有名なのは植物には原型となる形態があるというゲーテの理論で、〝エボデボ〟革命でその一部が復活している。実を言えば先ほど指摘したとおり、ダーウィン自身この問題には神経を使っていて、偉大なる統合者として、このような〝成長と形態の法則〟には慎重に対応していた。変化の制約と機会は、発生の詳細、選択に大いに有利あるいは不利な他の性質との偶然の関わり、そして最後にその形質自体への選択に起因する。ダーウィンはこのような「相関と均衡」の法則が自分の理論にとってとても重要になると述べ、例として「青い目のネコは例外なく耳が聞こえない」と述べた。[24]

1章でふれたように、フィッシャー、ホールデン、ライトが先導した進化の〝総合説〟

が全盛だった二〇世紀後半、進化理論が重視していたのはもっぱら小突然変異の発生と漸進主義で、ごく小さな変化を積み重ねて起こる自然選択の力を指摘していた。しかし最近の一般生物学では、振り子はモノーによる三つの要因の組み合わせであるとの説に傾き、従来の考えを理解するための新しい方法が生まれている。

ではここで二つの基本的な疑問の一つ目に話を戻そう。そもそもなぜ、固有派生形質らしい言語が存在するのか。前にも言ったとおり、進化という尺度で見るとつい最近まで、この問題は存在しなかった。言語がなかったからだ。もちろん動物の意思伝達システムはたくさんある。しかしそれらと人間の言語とでは構造と機能がまるで違う。人間の言語は標準的な動物の意志伝達システムの類型には当てはまらない。そのような類型としては、たとえばマーク・ハウザーがコミュニケーションの進化に関する包括的なレビューで述べたものがある。[25] 言語はふつうコミュニケーション手段として機能するシステムとみなされる。この見解は広く普及し、選択主義者の言語についての解説は、ほぼ間違いなくそこから始まっている。しかしその評価が意味を持つ範囲では、それは正しくないように思える。そこにはさまざまな理由があり、それを以下に述べる。

生物学的な形質の〝目的〟や〝機能〟を、その表面的な特徴から推定するのは、常に困難がともなう。(リチャード・)ルウォンティンの『トリプル・ヘリックス』[26]には、一見ごく単純な状況であっても、一つの器官や形質に一つの機能を割り当てるのがいかに難しいかが書かれている。骨に一つのはっきりした〝機能〟があるわけではない。たしかに骨は体を支えていて、それで私たちは立ったり歩いたりできるが、同時にそれはカルシウムの貯蔵庫であり、骨髄では新しい赤血球がつくられるので、ある意味、循環系の一部でもある。

骨について当てはまることは、人間の言語についても当てはまる。さらにバーリングらが指摘しているように[27]、別の考え方もある。人間には他の霊長類と同じ、二次的な意志伝達システムもあると言えることだ。たとえばジェスチャーや叫び声など、言葉を使わないシステムがそうだ。しかしそれらは言語ではない。バーリングも述べているように「現存している霊長類の意志伝達システムは、いまでも言語とはまったく違うもの[28]」だからだ。

言語は当然、コミュニケーションに使えるが、それは私たちの行動のさまざまな面、たとえば服のスタイルやジェスチャーについても同じことが言える。それだけでなく他の多くのことに使えるし、実際ふつうに使っている。統計的に言うと、言語が圧倒的に使われるのは内的――つまり思考のためだ。起きている間、自分に話しかけるのを抑えるのは、おおいなる意志の力がいる。これは眠っているときも同じで、相当なストレスになることが多い。有名な神経学者ハリー・ジェリソンはもっと強烈な見解を表明し「言語はコミュニケーション・システムとして進化したのではない……初期の言語はもっと……現実世界の構築、思考の道具として進化した[29]」と述べている。機能の面だけではなく、他のすべての面――意味論、統辞論、形態論、音韻論――で、人間言語の中核的性質は、動物の意志伝達システムとはまったく違い、生物世界ではほとんど唯一無二のもののようだ。

それではなぜ生物の歴史に、こんなおかしなものが現れたのだろうか。進化の窓はとても小さいと思われるのに。当然、はっきりとした答えはないが、妥当と思われる推論を述べることはできる。それは最近の生物言語学の枠組みと密接に関わっている。

化石の記録に現れた解剖学的現生人類は数十万年前に生息していたとされているが、人間の能力を示す証拠が現れるのはもっと新しい時代、人がアフリカから出る少し前のころだ。古人類学者のイアン・タタソールの報告によれば[30]「明瞭な言葉を発声できる声道の痕跡」が、人の祖先が言語を使っていた証拠が示すより、五〇万年以上も前に存在している。彼はこう書いている。「言語の出現とその解剖学的な性質とのかかわりは、自然選択によって進んだわけではないと結論せざるをえない。あとになって、そうしたイノベーションがどれほど有益かわかったとしても」。この結論は、大衆的な読み物に見られる思い込みに反しているが、標準的な進化生物学では何の問題も生じない。人間の脳の大きさが現在のレベルに達したのはおよそ一〇万年前と、わりと最近のことらしく、そのため一部の専門家は「人間言語の進化、少なくともその一部は、脳のサイズの増大に合わせて自然に適応した結果である」と考えている。[31] 第1章で私たちは、脳のサイズの増大につながった可能性のある、いくつかのゲノムの違いについて言及したが、他の違いについては第4章で論じる。

言語についてタタソールは「人の系統で不規則に脳が拡張して、再構成が起こっていた(あまり研究されていない)長い期間のあと、何かが起こって言語獲得の準備ができた。このイノベーションは創発という現象によるものかもしれない。創発はすでに存在していた要素の偶然の組み合わせで、まったく思いもよらぬ結果が引き起こされる」と書いている。それはおそらく「ある人の系統の集団での……遺伝学的には小さな神経系の変化で、適応とは関係ないことだった」[32]。しかしそこに有益な何かがあって拡大した。たぶんストリーダーが述べたように、脳のサイズの増大に合わせて自然に適応した結果か、あるいは小さな偶然の突然変異だったのだろう。それからしばらく――進化の尺度ではそれほど長くない期間――たつとさらに今度はおそらく文化的な後押しでイノベーションが起こり、その結果、行動が現代人に近づき、人間的能力が結晶化して、その後、人はアフリカを出た。[33]

どこかの小さな集団における、遺伝学的には小さな神経系の変化とは何だったのだろうか。それに答えるには、言語の特殊な性質を考える必要がある。私たち誰もが持つ言語機能の最も基本的な特性は、離散的な要素が無限に連なる階層構造の表現を構築し、その意味を解釈できることだ。離散した要素というのは、五語や六語の文はあるが、五・五語の文はないという意味だ。そして文の語数に上限はない。つまり言語は再帰的生成的手続きで、入力を提供する倉庫(これを辞書・語彙と呼ぶ)から語に類似する要素を取り出し、生成手続きを繰り返し用いて、構造的な表現をつくりあげる。その過程に上限はない。言語機能の出現——少なくとも一つの言語が存在していること——を説明するには二つの基本的な作業に向き合う必要がある。一つは〝計算の原子〟である語彙項目——だいたい三万から五万個——について説明すること。二つ目は言語機能における計算特性を見つけることだ。この作業にはいくつかの面がある。私たちが探すべきものは、心の中で無限に表現を構成する生成手続きと、そうした内部の心的対象が言語外部的(しかし生物内部的)なシステムとの二つのインターフェイスと関わる、その方法である。そのシステムとは、一つは思考のシステム、もう一つは感覚運動システムであり、それらをもって内的計算や思考を外在化する。これらが第1章で説明した三つの要素である。これが言語は意味をともなう音であるという従来の概念(少なくともアリストテレスにさかのぼる)を再構築する一つの方法である。これらの作業すべてが、とても重要な問題を提起する。それはつい最近まで、あるいはいまだ私たちが考えているより、はるかに深刻な問題だ。

ここから言語の基本特性を説明していくが、まず言語の生成手続きから始めよう。それはおそらく八万年前くらい（進化の尺度ではまばたきをするくらいの間）に現れ、おそらく脳の内部でわずかな再配線があったと思われる。この点で、生物学におけるエボデボ革命が意味を持つ。二つの重大な結論を裏付ける証拠があるからだ。一つは調節系の遺伝的素質でさえ、大昔から保存されていること。二つ目は、ごくわずかな変化でも、観察される結果が大きく異なる可能性があること――それでも表現型の変化が限られているのは、遺伝子系が保存されていることと、トムソンやテューリングが関心を持った自然の法則のせいだ。よく知られたわかりやすい例をあげると、トゲウオには二種類いて、その違いは腹部に鋭いトゲがあるかないかだ。およそ一万年前、トゲを生み出すことに関わる遺伝子の近くにある〝スイッチ〟に突然変異が起こって、とげのあるものとないものという二つの異なる形が生じ、一つは海に適応し、もう一つは湖に適応した。[34]

それよりはるかに影響が大きかったのは目の進化だ。これはとても詳しく研究されているテーマで、本書でも第1章でとりあげた。実は目の場合、違うタイプがわずかしかないことがわかった。それは一部には、光の物理的性質による制約のためで、また一部には、必要な機能を実行できるのが、一つのカテゴリーのタンパク質（オプシン分子）しかなく、それを細胞に〝捕獲〟させる事象が、自然界では確率的にしか起こらないからだ。オプシンをコードしている遺伝子の起源は古く、何度も使われているが、やはり物理的な制約のため、その使用法は限られている。それは目のレンズ（水晶体）のタンパク質についても同じだ。第1章でふれたように、目の進化は、物理的法則と確率的プロセス、そして狭い物理的可能性の道筋からの選択の役割が、相互に複雑に絡み合っていることを実証している。(35)

ジャコブとモノーは、一九六一年から行なっていた研究で大腸菌の〝オペロン〟を発見してノーベル賞を受賞したが、そこからモノーの有名な言葉が生まれた。「腸内細菌（大腸菌）について当てはまることは、ゾウについても当てはまる」(36)。これは現代のエボデボの理論を先取りしていたと解釈されることが多いが、モノーが本当に言いたかったのは、彼とフランソワ・ジャコブの一般化された負の調節理論で、あらゆる遺伝子調節を説明できるということだろう。これはおそらく過度な一般化である。実のところ、一つの遺伝子が負の調節を受けたり、あるいは自動調節される可能性もあるので、負のフィードバックを説明するにはまったくじゅうぶんでないこともある。さらにいまでは他にも調節機構があることがわかっている。現代のエボデボ革命とは、真核生物が用いている、より高度な遺伝子調節と発生の手法の発見だと言える。その機構は思いがけないものだったが、遺伝子を活性化する調節メカニズムの、わずかなタイミングと配列の違いが大きな違いを生む可能性があるという、モノーの基本的な考え方は正しかった。他の生物の発生について、示唆的なモデルを示したのはジャコブだったが[37]、それは「複雑な調節回路のおかげで、チョウとライオン、ニワトリとハエの違いを生じさせる要因は……生物の調節回路（その化学構造ではなく）を変える突然変異の結果である」という考えに基づいていた。言語への〝原理・パラメータ（P&P）〟アプローチは、ジャコブのモデルが直接の刺激となった[38]。

これはその直後の講義で議論された問題だ。

P&Pアプローチの土台にあるのは、言語は一定で不変の原理からなり、それはパラメータのスイッチボックスのようなものにつながっているという考えだ。パラメータとは、子どもが提示されたデータに基づいて答えを出し、原理的に有効な限られた種類の言語から一つを決める、あるいはチャールズ・ヤンが論じたように、パラメータ設定のための学習方法から言語の確率分布を決定する問題だ[39]。たとえば子どもは自分のまわりにある言語が、英語のような〝主辞先頭型〟（read booksのように本質的な要素が目的語に先行する）か、日本語のような〝主辞末尾型〟（本を読みます＝books readとなる）かを決めなければならない。似たケースの調節メカニズムの再構築と同じように、このアプローチは、基本的な統一性が、つい最近まで当然とされていた、言語における（生物全般についてと同じように）無限に見える多様性をどのように生むかを理解するための枠組みを示唆している。

P&P研究プログラムはとても実りが多く、類型論的に様々なタイプの言語についての新しい理解が生まれる一方、それまで考えられたこともなかった疑問も生じ、ときにはその答えまで示されている。過去二五年で、その前の一〇〇〇年間における本格的な言語研究でわかったことより多くが解明されたといっても言い過ぎではない。最初にとりあげた二つの大きな問題についてこのアプローチが示唆するのは、進化の中で、生成手続き（それが原理をつくる）、そして言語の多様性（原理では言語についての疑問すべてに答えられないという事実に由来）がやや唐突に現れたこと、しかし原理のいくつかは値が未決定のパラメータを含んでいることだ。さきほどあげた実例が、順序付けに関わっていることに注目してほしい。まだ議論に決着はついていないが、順序付けは内的計算の感覚運動システムへの外在化のみに関わり、中核的な統辞法や意味論に関しては何の役割も果たしていないという、言語学的に重要な証拠がある。この結論を支持する生物学的な証拠も次々と見つかっていて、それは主流の生物学者の間ではよく知られたもので、これについては後ほどまた説明する。

最も単純な推定は（そのため反証が現れない限りこれを是とする）、言語の生成手続きは小さな突然変異の結果として、突然現れたということだ。そうなると生成手続きはとても単純なものと考えられる。過去五〇年でさまざまな生成手続きが研究されている。言語学者とコンピュータ科学者にはおなじみの一つのアプローチは、一九五〇年代に考案され、以来、広く使われている句構造文法である。このアプローチは、当時は筋が通っていた。それは数学的理論の再帰手続きを公式化した方法の一つ（エミール・ポストの書き換え系）にぴったりと合い、少なくとも階層構造や埋め込みといった、言語の基本的な性質の一部をとらえていた。しかしまもなく句構造文法には足りないことがあるだけでなく、数多くの恣意的な条件をともなう複雑な手続きで、私たちが見つけたいと思うようなシステムでもなく、突然現れた可能性も低いことがわかった。

長年の研究で、これらのシステムの複雑さを減らす方法が見つかり、完全に複雑さをそぎ落として、考えられるかぎり最も単純な再帰的生成法に、ようやくたどりついた。これはすでに構築された二つの対象、XとYとで新しい対象を構築する演算だ。その中身は変わらないままなので、単にXとYを二つの要素とした一つの集合ということになる。この最適な演算を、私たちは併合と呼んでいる。語彙という概念上の原子、併合という演算、制限のない反復から、デジタル的な要素がつくる階層構造をともなう表現が無限に生み出される。これらの表現が概念システムとのインターフェイスで体系的に解釈できれば、これで内的な〝思考の言語〟をもたらしてくれる。

極小主義の強いテーゼ（SMT）と呼ばれる理論では、生成の過程は最適化されていると考える。つまり言語の原理は効率的な計算で決まり、言語はもっとも単純な再帰的演算に従う。その演算はインターフェイス条件を満たすようにつくられ、独立した効率的計算の原理にそったものである。この意味で、言語は雪の結晶のようなものだ。いったん基本的な構築様式ができれば、自然法則――この場合は計算効率の原理――のおかげで決まった形になり、インターフェイスで課された条件を満たす。この基本命題は論文集のタイトル『インターフェイス＋再帰＝言語？』[40]に表れている。最適な形だと再帰は併合に還元される。タイトルの疑問符はもちろんとても適切だ。その疑問は現在の研究の境界で生じている。二つのインターフェイスは非対称で、〝意味‐語用〟インターフェイス――思考と行動のシステムとつなぐもの――のほうが優位である。言語とは別個の思考‐行動システムについての証拠が不足していることを思えば、これらの外部条件がいかにたくさんあるかということも、深刻かつ困難な研究上の問題になるかもしれない。ウルフラム・ヒンゼンが提唱した非常に強い形のSMT[41]は、思考の中心的要素（たとえば命題のような）は、基本的に最適な形に構築された生成手続きから派生するというものだ。そのような考えが磨かれ立証されれば、意味‐語用インターフェイスが言語設計に与える影響は減少するだろう。

ＳＭＴが確立されているとはとうてい言い難いが、ほんの数年前に比べると、ずっと説得力を持つようになった。これが正しい範囲において、言語の進化は併合、辞書・語彙の概念上の原子、概念システムとの結びつき、外在化の方法の出現に帰着する。併合と最適な計算でまとめられない他の言語の原理はどれも、他の進化のプロセスで説明しなければならないだろう。そのような説明について、少なくともいま現在、理解されている方法では、たいしたことはわからないだろうと、ルウォンティンが述べている(42)。

この説明では、言語の先駆体——つまりごく短い文だけの言語に近いシステム——が入り込む余地がないことに注意してほしい。そのようなシステムを認める根拠がない。七語の文から、無限に続けられる人間の言語に到達するには、ゼロから無限へ至るのと同じ再帰的手続きが出現しなければならない。そしてもちろん、そのような〝原型言語〟の存在を示す証拠もない。言語獲得についても同じことが言えるが、ここでは扱わない。

重要なのは、併合はその他の条件なしに、転移という、言語に見られるよく知られた性質も生み出すことだ。これは句をある位置で発音し、他の位置で解釈しているという事実だ。Guess what john is eating という文では、John is eating an apple という文と同じく、what は eat の目的語であるとわかる。しかしこの目的語が発音される位置は変わっている。この性質は、言語の〝非完璧性〟を示す矛盾のように思われてきた。意味論的な事実を把握するにはまったく必要がないのに、この事象はあらゆるところで見られる。これは句構造文法の範囲を超えてしまうため、さらに複雑にならざるをえないし、他の仕組みも必要になる。しかしSMTの範疇にならら自然におさまる。

それがどのように行なわれるか考えるため、併合という演算でJohn is eating what に相当する表現が頭の中で組み立てたられたと仮定しよう。X、Yという統辞体があったとして、併合でより大きな表現を組み立てるには、論理的に二つの方法しかありえない。一つはXとYが別々のケース、もう一つはどちらかがどちらかの一部になるケースだ。前者は外的併合（EM＝External Merge）、後者は内的併合（IM＝Internal Merge）と呼ばれている。もしY＝what に相当する表現、そしてX＝John is eating what に相当する表現、そしてYがXの一部なら（Xの部分集合、あるいはXの部分集合の部分集合など）、IMは何かを加えることが可能で、その併合の出力が what John is eating what に相当する、より大きな構造となる。派生の次のステップでは、Y＝何か新しいもの、たとえば guess としよう。するとXは what is John eating what 、Yが guess、そしてXとYは重なっていない。この場合は外的併合が適用され、guess what John is eating what となる。

これで転移の途中まで進んだ。what John is eating what では、what が二か所にあり、その二か所にあることが、意味解釈のために必要とされる。もともとの位置にあるwhatは、eatの直接目的語であるという情報を伝えている。そして端の新たな位置は変項を束縛する量化子と解釈され、この表現は「for which thing x, John is eating the thing x（どれかの物xについて、ジョンはそのxを食べている）」というような意味になる。

今説明してきたような観察事実は、極めて広範囲な構造に対して一般的に成立する。その結果はまさに意味解釈に必要とされるものだが、英語で発音される対象を生じさせない。私たちはguess what John is eating whatではなく、guess what John is eatingと言い、もとの位置にあった語が消えてしまう。これが転移の普遍的性質で、小さな（そして興味深い）性質でもあるが、ここでは無視する。この性質は計算効率の基本的な原理から得られる。実際、連続した運動は計算上のコストがかかる。これは手や発声のとき口を動かすとき、運動皮質がどのくらい使われるかの研究で証明されている。

通常の複雑さを持つ表現と、内的併合による転移の実際の性質について考えると、内部で生じたwhat John is eating whatという表現を外在化するために、whatを二回発音しなければならず、それが計算上の相当な負荷になる。whatの生起のうちの一つだけを残して、あとをすべて発音しないことによって、計算上の負荷は大幅に軽減する。発音されるのは最も卓立した、内的併合で最後に生じたものだ。そうでないと、正しい解釈を生み出すために用いられた演算を示すものがなくなってしまう。これらのことから考えると、言語機能は外在化の過程で、計算効率の一般的原理を用いているようだ。

転移された要素の生起を一つだけ残してあとはすべて発音しないと計算上は効率的だが、解釈、ひいてはコミュニケーションに大きな負荷がかかる。この文を聞いた人は、転移された要素が解釈される空白の位置を見つけなければならない。それは全般的にとても重要で、統辞解析プログラムではおなじみの問題である。つまり計算効率と、解釈－コミュニケーションの効率の間に衝突がある。普遍的に言語は、この衝突を計算効率を優先することで解消する。この事実からすぐさま、言語は内的思考の道具として進化し、外在化は二次的プロセスだったことが示唆される。言語設計から同様の結論が引き出せる数多くの証拠がある。その一つがたとえば、いわゆる島という性質だ。

外在化が二次的プロセスであると結論するには、いくつか別個の理由がある。一つは、外在化はモダリティに依存していないように見えることで、これは手話の研究からわかっている。手話と話し言葉の構造特性はきわめて似かよっている。それに加えて、獲得も同じ経過をたどり、脳の機能局在も似ているようだ。そうなると、言語は思考のために最適化されたシステムで、外在化の方法は二次的なものという結論がさらに強力になりそうだ。

さらに、聴覚モダリティに当てはまる外在化の制約は、手話における視覚モダリティにも当てはまると思われる。片方の手で「ジョンはアイスクリームが好きだ」、もう片方の手で「メアリーはビールが好きだ」と〝言う〟のを妨げる身体的制約はないが、実際はどちらかの手が常に優先し、声道を通した外在化と同じように線形化して左から右という時間的な流れに沿って（ジェスチャーで）文を伝え、もう片方の手は強調や形態などのしるしを付加する。

いや、もっとはっきり言ってしまってもかまわないだろう。最近の重要な生物学と進化の研究すべてが、外在化のプロセスは二次的なものだという結論に達している。これには最近広く喧伝されている、言語に関わると推定される遺伝子、特に*FOXP2*調節（転写因子）遺伝子の発見も含まれる。*FOXP2*は遺伝性の強い言語障害、いわゆる発語失行症に関わっている。この発見以降、*FOXP2*は進化の視点から慎重に分析されている。人間の*FOXP2*がコードしているタンパク質と、霊長類およびヒト以外の哺乳類のタンパク質の間には、小さなアミノ酸の違いが二つあることがわかっている。*FOXP2*に対応する変化が最近の正の自然選択のターゲットとなり、それに付随して言語が出現したと思われる。[43] 人間、ネアンデルタール人、デニソワ人の*FOXP2*はまったく同じらしい。少なくとも、そもそも正の選択を受けたと思われる二つの領域については同じで、それが何か言語の出現時期や、少なくともゲノムの必要条件について語ってくれるかもしれない。[44]

それでもこの結論には、本書の1章と4章で論じているようにまだいくらか議論の余地がある。

この遺伝子が特に言語に関わっているのか、あるいは二次的な外在化のプロセスの一部に関わっているのか疑問を持つかもしれないが、今となっては後者のほうが納得しやすいと思える。この数年の鳥とマウスにまつわる発見で、この転写因子遺伝子は、内的な統辞法のための設計図、つまり狭義の言語機能でも、もちろん何か仮説的な〝言語遺伝子〟でもなく(目の色や自閉症を起こす単独の遺伝子がないように)、むしろ外在化に関わる調節機構の一部であるという〝新たなコンセンサス〟が示された[45]。*FOXP2*は口腔顔面やその他の、連続的な細かい運動制御の発達を助ける。これは実際に〝音〟や〝動作〟を、あるべきところで次々と繰り出す能力だ。

この点において、この遺伝子欠陥が初めて特定されたKE家の家族に、口腔顔面の動きだけではなく、全体的な運動失行が見られたことは注目にあたいする。KE家に見られた遺伝子欠陥を複製するよう、突然変異を起こして作られた*Foxp2*をマウスに挿入する最近の研究でも、このことが確認されている。「*Foxp2-R552H*型のヘテロ接合体のマウスは、すばやい運動スキルを学習するうえで、わかりにくいがきわめて重大な障害が見つかった。……これらのデータは、人間の発話能力が、運動学習に関わる大昔に進化した神経経路を用いているという提言と一致する」[46]

第1章では遺伝子導入マウスの最近の研究成果から*FOXP2*に関わる神経発生の変化が、宣言的記憶から手続き記憶への知識の移行に関連しているかもしれないことを示唆する証拠をざっと見た。[47] これも連続運動学習の見解と一致するが、やはり端的に言って人間の言語そのものではない。この見解が間違っていなければ、*FOXP2*はむしろ、コンピュータのCPUそのものではなく、プリンターのような、きちんと機能するコンピュータの入力‐出力・システムを構築するための設計図に近い。この見地からすると、障害を持つKE家の家族は、言語機能そのものではなく、外在化システム、いわば〝プリンター〟に何か不調があるということだ。もしそうなら、この転写因子が一〇万年から二〇万年前に正の選択をうけたことを示唆する進化分析では、言語機能の核心的な要素――統辞法および〝意味的〟(概念‐意図) インターフェイスへの写像――の進化について結論を出せないかもしれない。その因果関係を見極めるのは難しい。*FOXP2*と高度な連続的運動の調整とのつながりは、外在化に不可欠な日和見的な基質 (進化のシナリオではおなじみのとおり、モダリティは問わない)、あるいは併合が生じたあとの効率的な外在化の〝解決策〟への選択圧力の結果とみなせるかもしれない。どちらのケースでも、*FOXP2*は中核的統辞法/意味論とは関係ないシステムの一部となる。

さらにマイケル・コーエンが示した証拠も、発声のための連続的な協調について、離散化した連続的運動制御は、すべての哺乳類、そしておそらくすべての脊椎動物に共通する基質であると示唆している[48]。もしそうならＦＯＸＰ２についての話全体と運動性の外在化一般は、よけいに中核的統辞法／意味論進化の状況からは除外される。その証拠は、検証した哺乳類（人間、イヌ、ネコ、アザラシ、クジラ、ヒヒ、タマリン、マウス）と、他の脊椎動物（カラス、フィンチ、カエルなど）すべてが、以前は人間の外在化システムだけにあると考えられていたものを持っているという発見からもたらされた。これらさまざまな種の音声のレパートリーは、有限の弁別的な〝音素〟一式から生じる（もっと正確に言えば、鳥なら〝鳴素〟、イヌなら〝吠素〟になるだろうか）。コーエンの仮説は、それぞれの種に有限の数の、発声のための産物（音素のような）があり、それは生理学的条件、たとえば発声中のエネルギー最小化の原理、身体条件などに従って、遺伝的に制約されている。これはケネス・スティーヴンスの、音声産出の量子性を訴えた説に似ている[49]。

この説では、どの種も特有の原始的な音の一部を使って、その種に共通する音声を生み出している（ただしそれぞれの動物がそれらすべてを使うとは限らない。人間がすべての音素を使っていないのと同じだ）。もしそうなら、あの架空の火星人は、周辺的な外在化のレベルでも、人間の言語が一つ、イヌの言語が一つ、カエルの言語が一つあると思うかもしれない。第1章で述べたように、コーエンの主張は、少なくとも一つの鳥の種については、コミンズとゲントナーによって実験的に確認されたようだ[50]。

まとめると、今のところ私たちは山ほどの証拠から、$FOXP2$は人間の言語の核心的な機能の問題に答えてくれないと考えられる。説明的な観点からすると、これは遺伝子の欠陥が直接、異常なヘモグロビン・タンパクの形成につながり赤血球の変形をもたらす鎌状赤血球貧血のケースとは異なるということになる。これらすべてが当てはまるなら、言語の表現型の核心についての説明は、ルウォンティンの説明[51]よりもさらに間接的なものとなり、難しくなるかもしれない[52]。

実際、多くの面でこの$FOXP2$と発語失行症の重視は、ほぼ世界共通の〝コミュニケーションとしての言語〟の重視にかなり近い[53]。どちらの研究も、一見、外在化プロセスだけに特有の性質を検証しているが、それは人間の言語機能の核心部分には含まれないと、私たちは考えている。この意味でどちらの研究も方向性が間違っていて、心/脳の内的計算を明らかにしてはいない。内的統辞法と外在化の違いをはっきり示すことで、新しい研究の方向性がいくつも開かれ、動物の声の産出が実証した例のように、具体的で検証可能な新しい予測が、特に生物学的な見地から現れるかもしれない。

言語の中核的原理に話を戻すと、非有界の併合演算——そして起こる転移——は、脳のわずかな変化、おそらく既存の皮質の〝配線〟の拡大で生じた可能性がある（第4章で詳述する）。このタイプの変化は、ラムズとフィッシャーが提示した説に近い。

たとえ［言語が］本当に、認知的な意味で新しいものであっても、生物学的な意味ではそれほど新しくはない可能性が高い。たとえばシグナリング分子（あるいは受容体、チャネルなど）を生み出す一つの遺伝子の変化が、すでに存在する脳の二つの領域に新しい結合をもたらす可能性がある。修正された転写因子が皮質の新しい境界を出産前に決め、以前から存在している領域を動かし、ブロードマン的な意味で新しい形態の脳皮質を生み出す分子的な条件が整えば、まったく新しい脳の領域も比較的、単純に進化するかもしれない。ブロードマン的な意味で新しい皮質とは、基本はやはり六層だが、相対的な重要性も、内的、外的な結合のパターンも、層全体におけるニューロンのタイプの分布も異なる。これは基本的に、全体的な構造プランの新しい量的なバリエーションになり、新しい遺伝物質はほぼ必要ないが、この領域は新しい入力‐出力の特性を示し、そこで適切な入力‐出力の結合があれば、言語にとっておおいに重要な、新しい情報処理機能を果たすかもしれない。(54)

新しい形質は第1章で論じたように、最初は少数のコピーにしか現れない。それを授けられた個体は、多くの利点を持っただろう。複雑な思考、計画、解釈、その他の能力。それらが部分的に子孫に引き継がれ、それが持つ選択的優位性のおかげで、小さな血統集団で優勢になるかもしれない。しかし第1章を思い出すと、新しい突然変異や形質が現れても、そのような変異体の少数のコピーが、たとえ選択的優位性があったとしても、どのようにして確率的な消失を免れるかという問題が常につきまとう。

この有益な形質が集団内に広がったときには、外在化にも利益があり、その能力は二次的プロセスとして感覚‐運動システムに結び付き、外在化、相互作用、場合によってはコミュニケーションにつながる。人間の進化の説明には、形はどうあれ、少なくともこの程度の前提がある。それ以上の推定には証拠と根拠が求められるが、それを得るのは難しい。

他のほとんどの説は、さらにいくつかの〝コミュニケーションとしての言語〟という見地に基づく仮定が必要で、それはこれまで見たように外在化に関わっているようだ。サマドとサトマーリが、人間の言語の起源についての主な仮説のリストを作成したが[55]、その中に含まれるものをあげると（1）ゴシップとしての言語、（2）社会的毛づくろいとしての言語、（3）狩猟のために協力することの自然の結果としての言語、（4）〝母親言葉〟の結果としての言語、（5）性選択、（6）地位に関する情報を交換するために必要なものとしての言語、(7)歌としての言語、(8)道具製作に必要なもの、あるいは道具製作の結果としての言語、(9)身ぶりのシステムから派生したものとしての言語、(10)欺くためのマキャベリ的道具、そして最後に(11)〝内的な心的道具〟としての言語となる。

注意しなければならないのは、言語の最も重要な機能は外部とのコミュニケーションであると、はっきりと、あるいは言外にすら謳っていないのは、最後の〝内的な心的道具〟としての言語説だけということだ。しかしこれはある種の適応のパラドクスにつながる。それなら動物のシグナリングで十分ということになるからだ。これと同じ問題をウォレスが指摘している。サマドとサトマーリはこう述べている。「大半の理論は、ある状況で〝大昔から使われている〟動物のシグナルではなく、慣習的なコミュニケーションを使うことを促す選択圧を考慮していない。……そのため既存の、より単純なコミュニケーション・システムではなく、記号的コミュニケーションの複雑な手段が必要な状況を具体的に示す理論がない」[56]。彼らはさらに、心的道具としての言語という理論にはこの欠陥はないとも述べている。しかし彼らもこの分野の大半の研究者と同じように、明らかな推論を引き出すのではなく、外在化とコミュニケーションに焦点を絞っているようだ。

内在的言語の優位性を訴える提言――前述のハリー・ジェリソンの、言語は〝内的道具〟であるという説に類似している――が、著名な生物学者からもなされている。一九七四年の生物言語学の国際会議で、ノーベル賞受賞者であるサルバドール・ルリアは、「抽象的あるいは生産的思考の発達」との重要な関連について、コミュニケーション上の必要性は「言語のようなシステムを生み出す大きな選択圧にはならなかった」という説を熱心に訴えていた。[57] フランソワ・ジャコブも同じ考えを支持し、「個人間のコミュニケーション・システムという言語の役割は二次的なものにすぎない。……言語を唯一無二のものにする特徴は、行動のための指示を伝えることや」動物のコミュニケーションに共通する他の特徴でもなく、「記号化、認知イメージを喚起し」、私たちの現実の概念を形づくり、思考、計画の能力を生み出すときに果たす役割であり、それができるのは「記号を無限に組み合わせて、頭の中に可能世界をつくる」ユニークな性質のおかげだと示唆している。[58] こうした考えは、一七世紀の認知革命までさかのぼる。それは多くの面で一九五〇年代からの発展の予兆を示していた。

しかし私たちは臆測の域を超えることができる。言語設計の研究で、言語と運動感覚と思考システムの関係についての証拠が見つかる可能性がある。前述したとおり、転移のケースで示したのと同じような形で、これらの関係は非対称であるという当たり前の結論を支持する証拠がたくさんあると考えている。

外在化は簡単な作業ではない。それはかなり違う二つのシステムと関連付けなければならないからだ。一つは何十万年ものあいだ変化がなかったと思われる感覚‐運動システム。二つ目は新たに出現した思考のための計算システムで、SMTが正しい限りにおいて完璧である。そうなると私たちは形態論と音韻論――内的な統辞体を感覚運動システムでアクセス可能な存在に変換する言語プロセス――が、かなり複雑で多様で、偶然の歴史上の出来事の影響を受けやすいと考える。そうなるとパラメータ化と多様化は、外在化にほぼ（あるいは完全にかもしれない）限られる。これが私たちが発見したと考えていることだ。つまり意味‐語用インターフェイス上で解釈可能な表現を効率的に生み出す計算システムである。これは複雑で変化に富む外在化の様式から生じる多様性を持ち、さらに歴史的変化の影響を受けやすい[59]。

この推測が多少なりとも正しければ、この章の最初に提示した二つの基本的問題の二番目への答えがわかるかもしれない。なぜこれほど多くの言語があるのか。その理由は、外在化の問題を解く方法がいくつもあるからだ。それはもともとの集団が分散する前でも後でもかまわない。外在化の問題を解決するには、進化による変化――つまりゲノムの変化――が必要と考える理由はない。それは単に既存の認知プロセスが、違う時期に違う方法で取り組む問題にすぎないのかもしれない。本当の（ゲノムの）進化が、歴史的変化と混同されるという嘆かわしい傾向があるが、二つはまったく違う現象だ。すでに述べたように、人間が六万年前にアフリカを出て以降、言語機能に関する重大な進化はなかったことを示す、とても強力な証拠がある。それでも大きな変化があり、いくつかの外在化の方法（手話のような）も発明された。これらの問題の混同は、〝言語の進化〟、〝言語の変化〟という比喩的な概念を、もっと正確な言い方——言語を使う生物の進化と、それを使うときの方法の変化——に変えることで乗り越えられるかもしれない。もっと正確な言い方なら、言語機能の出現は進化に関わるが、歴史的変化（途切れることなく続く）には関わらない。

やはりこれらがいちばん単純な仮説に思われるし、それを否定する明らかな理由はない。もしこれらが全般的に間違いでなければ、外在化は進化したのではなく、他の動物にもみられる既存の認知能力を使って問題を解決するプロセスだったということになる。そうなると生物学的な意味での進化は、併合と基本特性を生み出した変化に限られる。そこにはSMTの観点から説明しきれないこと、そして外在化の認知的問題の解決法に存在していたかもしれない言語特有の制約がある。そう考えると、コミュニケーションや感覚運動システム、話し言葉の統計的性質などに重点を置いた〝言語の進化〟へのアプローチは、著しく間違っている可能性がある。この判断がかなり広い範囲をカバーしているのは、この分野になじみのある人なら気づくだろう。

初めの二つの大きな問題に話を戻すと、そもそも（数は関係なく）言語がどのように生じたのか、そしてなぜ言語は多様に見えるのかに関し、少なくともいくつか（筋が通っていると思われる）説がある。後者については、生物の種類が無限にあるように見えるのと同じように一部は幻想である。生物はすべて深い部分で保持されている要素に基づいており、そうであるがゆえに、表面的な結果として現れる現象は、実は自然法則（言語の場合は計算の効率性）によって制限されているのである。

他の因子（特にいまはまだわからない脳の性質）も言語設計に強烈な影響を与えたかもしれない。またここでとりあげているテーマについても、言うべきことはたくさんある。しかしここではそうした問題を掘り下げることはせず、しばらく語彙項目、つまり概念上の思考の原子と、決定的なその外在化に、さまざまな方向から目を向けてみよう。

概念構造は他の霊長類でも見られる。行為者-行為-目標という体系、分類、単数と複数の区別などである。これらは言語のために採用されたもののように思われるが、言語を使用するようになった人間の概念の材料ははるかに豊かだ。特に計算の〝原子〟、語彙項目/概念でさえ、人間特有のものに思える。

重要なのは、人の言語と思考においてはごく単純な単語や概念にさえ、動物のコミュニケーションに特徴的な、心から独立した存在との関係が見られないことだ。後者は、心/

脳のプロセスと「そのプロセスが動物の行動を適応させる環境の一面」との、一対一の関係が基本と考えられている。これは認知神経科学者ランディ・ガリステルが、動物の認知能力に関する論文集の序言からの引用だ。[60] 野生のチンパンジーを綿密に観察したジェーン・グドールによると、チンパンジーにとって「適切な感情状態が欠落しているとき発声することはほぼ不可能のようだ[61]」

人間言語と思考の記号は、まったく異なる。それを使用すると、すぐに感情と連動するわけではない。またそれは、外の世界で心から独立した対象や出来事を識別するわけではない。人間言語や思考にとっては、フレーゲ、パース、タルスキ、クワインなど現代の言語と心の研究者たちが意味するところの、指示関係はないようだ。私たちが、川、人、木、水というふうに理解するのはすべて、一七世紀の研究者が人間の〝認識力〟と呼んだものの創造だということになる。それは複雑な視点から外の世界を指示する豊かな手段を与えてくれる。著名な新プラトン主義者のラルフ・カドワースが問題提起したように、[62] 心が「外部の個々の現象をすべて知って理解できる」のは「生得的な認識力」によって生まれた「内部の概念」をもってしてのみだ。彼がまとめたこうした考えはカントに影響を与えた。認識力によって組み立てられた思考の対象は、私たちが話題にしていることの「風変わりな性質」とまとめることはできないと、デイヴィッド・ヒュームが一世紀にわたる研究を要約している。この点について、内在的概念記号は［ba］という音節のように、心的表示における音声単位のようなものだ。この心的対象を外在化するどんな行動も、心から独立した存在物を生み出すが、この音節に対応する心から独立した構成物を見つけようとするのは無駄なことだ。コミュニケーションは、自然科学者がやるように、聞き手が世界から選び出してくる心の外にある存在物を生み出すようなものではない。コミュニケーションは話し手が外在的事象を生じさせ、聞き手が自分の内部にある資源・能力から、できるだけそれに合致するものをさがすといった、大まかな行為なのだ。この点で、最も単純なものではあるが、語と概念も同様に思える。コミュニケーションは共通の認識力で成り立ち、心の構造、背景事情、関心、前提条件などを共有して、共通の視点を（多少なりとも）持っていればうまくいく。語彙項目のこうした性質は、人間の言語と思考に特有のものと考えられ、その進化の研究でも、どのような形であれ説明が必要になる。どのようにすればいいか、まだ誰もわかっていない。そこに問題があるという事実もほとんど認識されていないのは、根深い指示主義の教義の影響だ。これは〝語－対象〟の関係があり、対象は超心的なものであるという見解である。

認識力のおかげで私たちは、他の動物とは違う経験の世界を味わうことができる。人間的能力が発生したおかげで内省的な生き物となった私たちは、経験に何か意味を見出そうとする。その成果は神話、宗教、魔法、哲学、現代の英語なら科学《サイエンス》などと呼ばれる。科学において、専門用語としての指示とは規範的理念のことだ。私たちは光子や動詞句といったつくられた概念が、世の中に本当にあるものを映し出していることを願う。そしてもちろん、指示の概念は、現代論理学の中で考案された状況にはぴったりだ。この形式体系では、数詞と数字の関係のように、指示するものと意味とに関係があることが条件として求められる。しかし人の言語と思考は、そのようには働かないらしく、その事実を認識できなかったことから果てのない混乱が生まれている。

　これはとても興味深くたいへんな話になるので、すべてを語ることはできないだろう。そこで言語と思考の統合と多様性に関し、現在、いちばん説得力があると思われる推測について、簡単に説明するにとどめる。何かまったく知られていない方法で、私たちの祖先に人間的な概念が発生した。それほど遠くない昔（記号的な代理物から判断すると、おそらく八万年以上前）に、東アフリカに住むヒト科の小さな集団の個人に、小さな生物学的な変化が現れて、併合という能力が授けられた。この演算は人の概念を計算上の原子として構造をともなう表現を生み、その表現は概念システムによって体系的に解釈され、豊かな「思考の言語」を供給する。こうしたプロセスは、計算上は完璧かそれに近いものなので、人間とは関係ない物理法則の結果なのだ。この変化は明らかに有益で、その小集団を席巻した。それからしばらくすると、内的思考のための言語が感覚運動システムと結びついた。これは複雑な作業であり、いくつもの解決法が考えられるし、その時期もさまざまだ。こうした出来事の過程で、人間的能力が生じ、その結果、ウォレスの言葉を借りると、我々の「道徳的および知的本性」の中心的部分が得られた。その結果は非常に多様だが、基本的には単一で、人間は根本的なところでは同じという事実を映し出している。例の宇宙から地球を見ている架空の科学者が、主に外在化の様式に——おそらくはそれだけに——方言レベルのバリエーションはあるが、言語は一つしかないという結論に至るかもしれないのと同じである。

結論としては、たとえこの説が妥当であると証明され、大きな穴が埋められたとしても、何百年もの間、問われ続けている疑問はまだ残るだろう。その中に、「心的と名づけられた」性質が、どのように「脳の器質的構造」と関連するのかという一八世紀の議論と、より謎めいた創造的かつ一貫した言語の通常使用についての問題で、デカルト派が大きな関心を寄せていたテーマであるが、いまだ研究には手を付けられていないに等しい。

# 第3章　言語の構成原理とその進化に対する意義

あるシステムの進化についての合理的な研究は、その性質が理解されている範囲でしか進まない。同様に、システムの根本的な性質についての深い理解がなければ、発現しているものは混沌として変化に富んでおり、変わりやすく、一般的な性質がないように思えるだろう。そして結果的に、その進化を本格的に研究できなくなる。そのような研究は、当然のことながら、進化の歴史として知られていることに対して、できるだけ忠実でなければならない。これらの自明の理は、他の生物システムと同じように、人の言語機能の研究にも当てはまる。文献に書かれた提言は、こうした基本的な制約をどのくらい守っているかで評価されうる。

言語の進化の問題は、二〇世紀半ばに生じた。個体内の生物学的対象として言語を説明しようとする試みが初めて行なわれ、人間言語の基本特性と呼ばれるものが把握された直後のことだった。基本特性とは、どの言語も階層構造をともなう表現のデジタル的な無限配列と、他の二つの内的システム（外在化のための感覚－運動システムと、推定、解釈、計画、行動の体系化、他のかつて〝思考〟と呼ばれていた要素のための概念システム）とのインターフェイス上で体系的解釈を生み出すというものだ。これらのガイドラインに沿った言語への一般的なアプローチは、生物言語学的プログラムと呼ばれるようになっている。

こうした言葉で理解される言語は、現在の専門用語で内在的言語、あるいはI言語と呼ばれる。基本特性があるため、どのI言語も「思考のための可聴信号」のシステムだ。これは一世紀前の偉大な印欧語比較言語学者であるウィリアム・ドワイト・ホイットニーからの引用だが[1]、いまでは外在化は調音－聴覚モダリティだけではないことがわかっている。

定義によるとI言語の理論はその生成文法、I言語の一般理論は普遍文法（UG）であり、旧来の概念を新しい文脈に適応させる。UGは言語獲得能力の遺伝的要素、特定のI言語を獲得して使用できるようにする能力の理論だ。UGは基本特性を満たす生成手続きの種類と、計算に入れる原子的要素を決める。

原子的要素は深い謎をもたらす。人間の言語で最小限の意味を持つ――語に類似するが語ではない――この要素は、動物の意志伝達システムのどんなものとも、まったく異なる。その起源については完全に闇の中で、人間の認知能力、特に言語の進化には、とても深刻な問題を投げかけている。これらのテーマについての洞察はソクラテス以前にまでさかのぼり、近代の科学革命と啓蒙主義の時代のすぐれた哲学者がさらに発展させ、近年もさらに発展を続けているが、まだじゅうぶんに研究されているとは言えない。実際のところ、深刻なのは、問題があまり認識、理解されていないことである。入念な検証によって、こうした要素の性質について広く信じられている学説は成り立たないことがわかった。特に重要なのは、語が超心的な対象を識別するという、広く受け入れられている直接指示説支持者の主張だ。これらのとても重要な問題について言うべきことは山ほどあるが、ここでは取りあげない。しかし人の認知の進化についての問題が、一般に認識されているよりはるかに難しいことは、もう一度、指摘しておく。

UGの第二の要素、生成手続きの理論は二〇世紀半ば以降、初めて研究がしやすいものになっている。ゲーデル、テューリング、チャーチらによって計算についての一般理論が確立されたおかげで、関連することについて明確に理解したうえで生成文法についての研究ができるようになった。I言語を構成する生成手続きはある経験的な条件を満たさなければならない。少なくともその一部は学習可能であり、I言語を獲得、使用する能力は進化したものであると考えられる。

まず学習可能性に目を向けると、I言語の獲得は明らかに（1）UGの遺伝的制約と、（2）言語から独立した原理とが基盤にある。言語能力は他の認知能力から根本的に切り離されているという考えは、すっかり定着している。これはレネバーグが五〇年前に発見し論じて以来[2]、さらに広がりを見せている（レビューについてはCurtiss 2012を参照）。その事実とともに、言語の性質についての細かな検証によって、第二の要素はおそらく、他の認知プロセスではなく、ほぼ生物から独立した原理で構成されていると思われる。I言語のような計算システムは、自然法則に含まれる計算効率の原理に分類される可能性が高い。そして学習可能性の研究は、子どもが周囲の会話などから得られるデータをはるかに上回る知識・能力を、あっという間に身につけるという事実（生物システムにおける成長）に直面する。

進化に目を向けると、まず何が進化したのかをはっきりさせる必要がある。それはもちろん言語ではなく言語の能力、つまりUGだ。言語は変化しても進化はしない。言語は生物学的、そして非生物学的な進化によって進化を遂げたという、ジェームズ・ハーフォードの言葉を持ち出しても助けにはならない。ことに後者はまったく進化とは言えない。こうした条件を頭に留め、誤解を招く可能性も認識しつつ、このあとも〝言語の進化〟という従来の言葉を使う。

言語の進化についてほぼ確実と思われるのは、私たちの祖先がアフリカから出てから六万年以上の間、進化はなかったということだ。言語能力、あるいは認知能力全般について、集団間で違いがあるとは認められない。そのことは、レネバーグが指摘している通りで、[3]第1章と2章でもふれた。もう一つ、可能性が高いと考えられる(これはそこまで確実とは言えない)のは、その少し前まで、言語はまったく存在していなかったということだ。現在では、言語――より正確にはUG――が出現したのは、進化の時間尺度ではごく短期間、おそらくだいたい八万年ほど前であり、それ以来進化していないと考えるのが妥当と言える。言語の進化に関する研究文献は増える一方だが、その中でこの推測に対しては〝反ダーウィン主義〟的だ、あるいは進化理論を拒絶しているとまで言われるが、その批判は近代生物学への大いなる誤解が底にある。それについては1章と4章で詳しく論じている。

これら二つの事実――一つは確実で、もう一つは妥当と思われる――は別にして、手に入る記録からわかることはとても少ないし、それは人の認知能力全般についても言えるようだ。それらは言語の進化を研究する基礎としては弱い。しかしそこから一つの示唆が生じる。進化したもの、つまりUGは、根本的にはとても単純なものに違いないということだ。もしそうなら、言語の見かけ上の複雑さと多様性は、共通の能力が進化して以降の変化から派生して、それまで進化しなかったシステムの周縁的な要素に限られているはずだ。この疑問については、のちほどあらためて論じる。また、複雑で多様に見えるのは、単に深く理解できていないためということも多い。科学分野においてはおなじみの現象だ。

二〇世紀半ばに初めて生成文法を構築する試みが行なわれたとき、よく研究されているにもかかわらず、言語についてはほとんど何もわかっていないことが、すぐ明らかになった。さらに詳しい研究で明らかにされた性質の多くが、重要な問題を引き起こしていて、そのいくつかはいまだ解決されていない。また多くの新しい問題も、つぎつぎ掘り起こされている。

当時は言語の経験的な現象とその見かけ上の多様性を捉えるため、UGをとても複雑なものとしておく必要があると思えた。しかしそれが正しくないことは、ずっとわかっていた。UGは進化可能性の条件を満たす必要があり、想定される性質が複雑であるほど、それがどう進化したかを説明するときの負担が大きくなる。とても重い負担であることは、言語の進化について知りえた事実が示している。

これらの理由から、合理的な研究の全般的な考察とともに、I言語とUGの研究は最初から、その性質と多様性についての前提の複雑さを減らそうとしていた。本書ではこの方向に着実に進められてきた研究史を振り返ることはしない。特に一九八〇年代はじめに〝原理・パラメータ〟の枠組みができあがり、それまで解決の望みなしと思えた問題がなくなって、言語獲得の問題を説明する方法が現れ、使える経験的材料が大幅に増加して、それ以前には想像できなかったレベルで研究されてきた。

一九九〇年代はじめになると、すでに多くのことがわかったので、異なる方法でUGを簡素化する作業に取り組むのが妥当であると研究者の多くが感じるようになっていた。それは理想的なケースを定式化して、言語がどれくらいその理想に近いかを問い、たくさんの見かけ上の不一致を解決しようとするものだ。これは極小主義プログラムと呼ばれている。その起源から始まる、生成文法についての途切れなく続いている研究だ。

最適な状況は、UGがごく単純な計算原理にまとまり、それが計算効率の条件を満たして動くことだろう。この考えは極小主義の強いテーゼ（SMT）と呼ばれることもある。数年前なら、SMTはとても奇異な考えに思えただろう。しかし最近は、こうした考えが大いに期待できることを示唆する証拠が次々と見つかっている。もし確実になれば、驚くべき重要な発見だ。それはまた言語進化の研究への道も開く。その問題については、次で言語進化に関する現代の研究に至る前段階の状況に少し触れたあと、また続ける。

前に述べたように、UG進化の問題は約六〇年前に、生物言語学プログラムが始まってすぐに現れた。その問題はもっと以前、言語が内的な生物学的対象とみなされて以来、研究されていた。言語に対するそのような見方がなければ、その進化についてまじめに考えられるはずがない。一九世紀の印欧語比較言語学者は内在主義的な見方で言語を捉え、それを個人の生物学的特性と考えることが多かったが、その進化を研究するには壁があった。最初に私たちがあげた最低限の条件が満たされていなかったのだ。言語の基本特性を満たす、進化によって生じたシステムの本質とはいかなるものか、はっきりわかっていなかった。一八八六年、パリ言語学会が言語の起源をテーマにした論文を禁止したのは有名な話だ。これは著名な学者ウィリアム・ドワイト・ホイットニーの「その話題については、著述の大部分が単なる空論だ」(4)という見方によるものだ。彼の言葉は現在でも注目に値する。

次に起こったことについて標準となっている説は、ジーン・エイチソンが『言語の進化へのアプローチ』という本(5)で、概要を正確にまとめている。彼女は言語の進化についてのテーマを禁止した有名な話を引用したあと、一九九〇年に発表されたスティーブン・ピンカーとポール・ブルームの論文で「すべてが変わった」と述べている。エイチソンはそこで、ピンカー＝ブルーム論文への、ハーフォードの手放しの賞賛を引用している。ハーフォードによるとそれは「進化と言語の関係についての理解を深めるうえでの、知の壁を破壊した」[6]。ピンカー－ブルーム論文は「言語は通常の進化のメカニズムで進化したことを強調し、〝言語進化に関する、新しくて信頼できる科学的情報は大量にあるが、これまできちんと統合されてこなかった〟[7]と述べている」と、エイチソンは続ける。この説明によると、この分野はその後、発展して注目を集める領域になることができた。

私たちから見ると、実際の経過はやや違っているが、それはホイットニーの批評が正確かどうかの話だけではない。ホイットニーに続く構造主義者の時代には、言語は一般的に生物学的対象とみなされていなかったので、進化の問題が持ち上がることはなかったのだ。ヨーロッパ構造主義はふつう（弁別的な意味において）ソシュール的な「社会的存在としての言語」という考え方をとる。ソシュールの言葉を借りれば、〝一種の契約〟の上に成り立つ、個人の集まりである民衆の脳の中の、語のイメージの倉庫だ[8]。アメリカ構造主義者にとって標準的なのは、レナード・ブルームフィールドの考え方だ。彼に言わせると言語は、規約的な言語音で状況に反応し、そして行動でその音に反応する一連の習慣だ。あるいは別の決まり文句では、言語は「言語共同体で行なわれる発話の総体[9]」だ。どう表現されようとも、それらは生物学的対象ではない。

事情が変わったのは、前世紀半ば、基本特性を満たすI言語の研究が初めて行なわれたときだ。前に述べたとおり、言語の進化の問題がすぐに持ち上がったが、本格的な取り組みはできなかった。そのとき行なわれたのは、さまざまな言語で明らかになる事実を説明できる言語理論を構築することだった。しかしUGが豊かであればあるほど、進化可能性を説明するのは重荷になる。そのためほとんど何もできなかった。

第1章で論じたように、一九六七年にエリック・レネバーグの『言語の生物学的基盤』が出版されたことは大きな一歩だった。これが現代の言語生物学研究の基礎を築いた。この中には言語能力の進化についての重要な議論と、それにともない多くの重要な洞察、進化の不連続性を支持するかなり高度な論争、生物学的側面からの本格的な議論が含まれていた。しかしUGの豊かさと複雑さという基本的問題は、解決されないままだった。

その後何年かの間に、生物学者、言語学者、哲学者、認知科学者が集まる科学会議が国内外で行われた。進化の問題も話し合われたが、同じ理由で結果はほとんど出なかった。一九七〇年代、私たちの一人（チョムスキー）はMITで言語生物学のセミナーを、進化生物学者のサルバドール・ルリアと共同で教えていた。そこでの教え子の何人かがこの分野の仕事に進んだ。言語の進化は主要なテーマの一つだったが、やはり成果はほとんどなかった。

言語学の歴史研究者を含めた解説者が、生成文法の昔の文献には、言語進化についての記述はほとんどないと言うことがある。それはたしかにそうなのだが、その理由はあまり理解されていないようだ。このテーマは一九五〇年代初期からさかんに議論され、レネバーグが一九六七年に出版した本でもとりあげられ、他の研究者たちも科学会議で話題にしていたが、前に述べた理由から実質的な結論がほとんどなく、そのためそれについての記述も少ないのだ。

一九九〇年代になっても、実際のところ、まとめるべき「言語進化に関する新しくて信頼できる科学的情報」もほとんどなければ「破壊されるべき知の壁」もなかった。しかしそのころ、いくつかの変化があった。一つはすでに述べたことで、UG研究の進歩によって、SMTのような考えが正しいかもしれないという可能性が浮上し、その結果、言語進化の研究を阻んでいた壁を乗り越えられる可能性が出てきたこと。二つ目は、進化生物学者リチャード・ルウォンティンによる、とても重要な論文が現れたこと[10]。これは、いま知られているアプローチで認知の進化、特に言語の進化について研究するのはほぼ不可能に近い理由を詳しく説明している。三つ目は言語の進化に関する論文や書籍が大量に出始めたことだ。それらすべて、ルウォンティンの詳しく説得力のある議論を無視していて（私たちに言わせれば、それで彼は大いなる不利益をこうむる）、ほぼ例外なく、少なくともこのテーマに関する研究への道を開いたUGの理解の進歩にはふれていない。

事実、それらに共通しているのは、UGは存在しないという結論だ。マイケル・トマセロに言わせると、UGは死んでいる。[11] もしそうなら当然、UGの進化というテーマは存在しないことになる。すなわち、唯一の筋が通った意味における言語の進化というテーマが存在しないということだ。言語の出現はむしろ、認知の進化に帰着することになるわけだが、それはルウォンティンが説明しているように、本格的な研究は不可能なものなのである。そして言語能力と他の認知プロセスとの乖離に関する多くの証拠をないことにしなければならないし、UGが人間にしかないことも無視しなければならない。しかしUGが人間に固有であることは、人間の誕生の時点で明らかだ。人の新生児はすぐに、周囲の環境の中から言語に関連するデータを選び出す。これは簡単なことではない。同じくらいの聴覚システムを持つ類人猿には、騒音しか聞こえない。人間の子どもはその後、言語獲得の体系的なコースをたどるが、これは人間にしかないもので、語の学習から統辞構造、意味解釈まで、どんな一般的学習メカニズムも超越しているのは明らかだ。

存在すらあやしいとされた分野の大幅な拡大は、科学の社会学に関する興味深い問題を提起しているが、ここではそれは脇に置いて、その問題に取り組むための、生産的なアプローチに目を向けるが、合意に達するにはほど遠いことは強調しておく。

SMTが適用される範囲で、私たちは少なくとも、言語能力の進化の問題を、筋の通った、そして何かの役に立つよう定式化することはできる。SMTのようなものが現実に近いという前提で、言語とその進化についてどのような結論が出るか考えてみよう。

どんな計算システムにも、すでに形成されているXとYという二つの対象に適用され、それらから新しい対象Zがつくられる演算がどこかに埋めこまれている。この演算を併合《マージ》と呼ぶ。SMTでは、併合はできるだけ単純になる。XやYに変化やアレンジを加えたりしない。特にこの演算はXとYの間に順序を定義しない。これは重要な事実なので、のちほどまた説明する。したがって併合は単なる集合形成演算であり、XとYを併合すると集合{X, Y}ができる。

この形の併合は、もっとも単純な計算演算と言えるかもしれない。連結のほうが単純だという議論もときどき聞かれるが、それは違う。連結は併合か同様の演算とともに、順序と構造を消去する何らかの原理を必要とする。それは文脈自由文法が生成した標示付き木構造から終端連鎖を生む規則に近い。併合という計算プロセスは、次のように行われると考えられる。一つのワークスペースがあり、そこからは原子要素での辞書・語彙を利用できるとともに、組み立てられた新しい対象が入れられている。計算を進めるために、要素Xがワークスペースから選び出され、さらに第二の要素Yが選び出される。XとYはワークスペースでは二つの異なった要素になりえて、たとえばreadとbooksが併合されると、read booksという句の根底にある統辞体をつくる。これは外的併合と呼ばれる。もう一つ論理的に可能なのは、一つの要素が別のものの一部であることだけで、それは内的併合と呼ばれる。he will read which books という句が、その内部の which books という句と併合すると、which books he will read which books となり、それを基盤として、Guess which books he will read あるいは Which books will he read という文が、他の規則に従ってつくられる。句がある位置で発音され、他の位置で解釈される——これがあちこちで見られる転移の性質の例だ。長い間、転移は言語の不可解な非完璧性と考えられていた。しかし実際は逆で、これはとても基本的な計算プロセスの自然な性質なのだ。

繰り返すと、he will read which books と、which books を併合すると、which books が二つ生起する。その理由は、併合は最適な演算であり、併合する要素の内部に変更を加えられないからだ。これはとても重要な事実である。内的併合がコピーを生じさせるというこの特性で、転移をともなう表現の解釈を説明できる。これは広く意義深い範囲に及ぶ。Which books will he read という文があったとき、これは「for which books x, he will read the books x」というような意味だとわかる。which books という句は二つの場所で、異なる意味役割を与えられている。文の解釈の複雑な性質はすぐに、計算についてのこれらの最適な仮定から生じる。

ごく簡単な例を使って具体的に考えるため、The boys expect to meet each other (少年たちは互いに会うだろうと思っている）という文があるとしよう。この文をI wonder whoの文に埋め込むと、I wonder who the boys expect to meet each other（少年たちが互いに会うと思っている相手は誰だろう）という文ができる。前の解釈は消えてしまう。ここでeach otherは、近くにあるthe boysではなく、離れたところにあるwhoという要素を指す。その理由は、耳から聞こえることではなく、頭の中にはI wonder who the boys expect who to meet each otherという表現があり、本当に近いのはwhoだからだ。これは内的併合がコピーを生じさせるために起こる。

もっと複雑な例をとり、Which one of his paintings did the gallery expect that every artist likes best（どの画家も最も好むと画廊が考えていたのは彼のどの絵だろう）という文をを考えてみよう。この質問に対する答えは、たとえばhis first oneなどとなる。量化表現であるevery artistは、which one of his paintingsという句の中の、代名詞のhisを束縛している。しかし構造的によく似た、One of his paintings persuaded the gallery that every artist likes flowers.（彼の絵のうちの一つが、画家はみな花を好むものだと画廊を納得させた）では、そのような解釈はできない。その理由は内的併合のコピーをつくる性質（転移）のためだ。頭に入ってくるのはWhich one of his paintings did the gallery expect that every artist likes which one of his paintings bestで、Every artist likes his first painting bestと同じように、量化子による束縛の通常の配置だ。

文が複雑になるほど、多くの込み入った結果がある。これらはどれも帰納、ビッグデータの統計的分析、その他の一般的メカニズムで獲得できないのは明らかだが、その結果は、SMTを仮定すると、言語の基本的構造からのさまざまなケースで従っている。

このような例で、重複しているどちらも発音されれば、知覚ははるかに楽になるだろう。実は知覚の理論と、コンピュータの統辞解析と解釈プログラムの大きな問題の一つは、発音されない空所を見つけること、いわゆるフィラー・ギャップ問題なのだ。コピーのうち一つしか発音されないのには計算上の理由がある。それ以上発音しようとすると、ごく単純なもの以外、計算がけた外れに複雑になる。そのため計算効率と使用効率との間には対立があり、計算効率が常に優先される。知られている限り、すべての言語の、すべての構造で、このことは成り立つ。ここでとりあげる余裕はないが、計算効率と使用効率の間で争うケースは他にもたくさんある（統辞解析可能性、コミュニケーションなど）。どのケースでも、使用効率が犠牲にされる。言語設計は計算効率に従う。例としてあげたものはどれも重要である。たとえばこの直前で検討したケースは、統辞解析可能性と知覚の核心的な問題だ。

以上の結果は、言語が思考と解釈のために進化したことを示唆する。言語は本質的に意味のシステムなのだ。言語は意味をともなう音であるという、アリストテレスの金言は、逆であるべきだ。言語は音（または他の外在化の手段か、何もない）をともなう意味であり、このともなうが、とても重要だ。

感覚運動レベルでの外在化は補助的なプロセスで、使用されている感覚モダリティの性質を反映して、発話や手話のさまざまな形がある。そしてコミュニケーションが言語の〝機能〟であるという現代の学説は間違いであり、言語は思考の道具であるという、昔ながらの考えのほうが正解に近いということになるだろう。根本的には、言語は実際に〝思考のための聞こえる記号〟のシステムだ。このホイットニーの言葉は、昔ながらの見解を表している。

近代の考え方――（正確にそれがどういうことなのかはさておき）コミュニケーションは言語の〝機能〟である――は、おそらく言語は動物のコミュニケーションから進化したに違いないという誤解から生まれたのだろう。レネバーグが半世紀前にすでに論じているように進化生物学はそのような結論を支持していない。そして入手可能な証拠はすべて、逆の結論を示している。語の意味から基本特性まで、獲得と使用に関し、事実上すべての重要な側面で、人の言語は動物のコミュニケーションのシステムとは大きく違っているように見える。現代の考え方も、細々と生き続ける行動主義者の性向に由来すると考える人もいるかもしれないが、そこに見るべきものはほとんどない。その理由がどうであれ、いまある証拠によれば、言語は根本的に思考システムであるという昔ながらの見解を支持しているように見える。

この結論を示す、さらに大きな証拠がある。もう一度、言っておくと、最適な計算演算である併合は、併合する要素に順序付けはしない。そうなると、言語にかかわる心的演算は、感覚 - 運動システムの反映である（左右）順序関係とは独立したものであるということになる。話すときは、語に線形の順序付けを行わなければならない。感覚 - 運動システムは、並行的な産出、あるいは構造の産出は許容しない。感覚 - 運動システムは言語が出現するはるか以前から実際に存在し、言語とはほとんど関係ないようだ。前述したように、ほぼ同じ聴覚システムを持つ類人猿は、言語が発せられたときでも騒音としか聞こえないが、人間の新生児はすぐに、人間だけが持つ言語機能（脳の奥深くに埋め込まれている）を使って、騒がしい環境から言語に関連するデータを抜き出してくる。

これらの結論の実例のいくつかはおなじみのものだ。動詞 - 目的語、目的語 - 動詞という順序型の言語は同じ意味役割を付与される。そしてそれらの結論は、さらに一般化が可能と思われる。

これらの観察から、興味深い経験的結果が導かれる。もう一度、第1章で紹介したいう欲求は子どもたちに本能的に訴えかける）のような例文について考えてみよう。これらの文は多義的である。副詞の instinctively は、先行する動詞にかかる場合もあるし（fly instinctively）、うしろの動詞にかかる場合もある（instinctively swim, instinctively appeals）。何度か見ているように、その副詞を文中から取り出して instinctively, birds that fly swim, そして instinctively, the desire to fly appeals to children とする。こうすると多義性がなくなる。副詞が修飾するのは近くの fly ではなく、離れたところにある swim だけになる。

これは規則の構造依存性という普遍的性質の実例だ。言語の計算規則は、線形的距離の単純な特性を無視して、はるかに複雑な構造上の距離の特性に従う。この不思議な現象が注目されたのは、正確な文法を構築する作業が始まったばかりのころだ。データと経験から結果を引き出せることを示そうと、数多くの試みがなされた。しかしそのどれもがまったくうまくいかなかった。これは驚くことではない。私たちがあげたような例では、構造上の距離という複雑な性質を優先して、線形距離という単純な性質を無視しなければならないことを示す情報を、幼児は一切得ることができない。それでも実験では、実験可能な年齢になったばかりのときから（だいたい三歳）、構造依存の原理を理解していて間違うことはなかった——もちろん教えられたわけではないのにだ。もしSMTが正しく、言語の計算は考えうる限り単純であると仮定すると、以上の結論はただちに得られる。
データと経験から結果を導き出そうとした試みが全て失敗に終わったのは、助動詞倒置と関係節に関するものに集中しているのだが、実際のところ、これらはもっとも初期に議論されたケースなのである。人為的に設定した制約のために研究者たちは、こうした現象が繰上規則にかかわりがある、あるいは子どもが獲得にあたって利用できるようなデータがあるかもしれない、あるいはこうした現象が関係節の中の前提となる情報と関係するのではないかと思い込んだ。こういった仮説に基づいた試みでさえもすべて失敗したが、これらの最初期における事例をこえて、同じような特性を示す解釈の規則に考察を拡張していけば、データと経験からのみ言語の特性を引き出そうとする試みは全て的外れであることが、さらにいっそう明らかになるのである。

この不可解な現象についてはとても単純な説明がある。それはまた厳しい精査に耐える唯一の説明でもある。その結果はＵＧの性質についての最適な仮説、ＳＭＴから得られる。

少なくともこの現象を説明しようとした研究者はいるが、そもそもこれがなぜ不可解なのか理解できない人もいる。たとえばＦ・Ｊ・ニューマイヤーは、規則の構造依存性は「すべての情報を生み出す複雑なシステムを構造化された階層にする設計圧力」から生じると提言した[12]。実はなぜ計算手続きが構造化された階層を生むのか、これよりはるかに単純で、もっと納得しやすい理由がある。その事実をもってしても不可解なのは変わらない。構造化された階層も線形順序も明らかに存在する。不可解なのは、なぜ最短の直線距離をとる単純な演算が常に無視され、最短の構造の差をとるもっと複雑な演算が優先されるのかということだ。構造的な階層があるからと言っても助けにはならない。線形順序付けについても同じだ。これはよくある誤りで、最新の文献の中の専門的論文においても見受けられる誤りである。

ついでながら、これはいくつもある間違いの一つに過ぎない。本書でふれた議論の以前のものに反論するという目的からはずれ、また先ほど言及した、言語の進化についての好奇心をそそる本（ニューマイヤーの説もその本に掲載されていた）で、他の著者が引き出した結論の土台を揺るがす間違いは他にもある。

好奇心をそそるという言葉がまさにぴったりだ。そのような間違った解釈は、本当に好奇心をそそることがある。一つは進化と自然選択の混同だ——自然選択はダーウィンが強調したように、進化の一つの要素ではあるが、要素は他にもある。他の間違いはさらに奇妙だ。たとえばエイチソンは、言語は「わりと〝唐突に〟現れた」という〝ポップ〟仮説（と彼女は呼んでいる）について論じている。[13] この仮説の不合理さを示すため、彼女は私たちの一人（チョムスキー）の、半分の羽は飛ぶためには役に立たないという考えを引き合いに出している。しかしこの考えは誤りとして提起されたもので、その後には昆虫の羽はもともと温度調節装置として進化したと提唱する専門的な文献を引用していることには言及していない。残念ながら、こうしたことが言語の進化についての文献ではよくあるのだが、ここでその話を続けるのは意味がない。進化による変化の相対的な〝スピード〟と、特に進化の大きな変遷の最中には比較的速い変化が起こる傾向があり、そして古代考古学的な時間の流れでは、より速い変化がなぜ適しているのかについては、第2章と第4章で論じている。

中心的な問題に戻ると、言語の見かけ上の多彩さと複雑さ、変化しやすさは、主にというか、すべて外在化のプロセスにあり、その基礎となる表現を生成し、それを概念インターフェイスに提供して他の心的操作とつなぐシステムにあるのではないということも、いくらかの重要な意味を持つ。これらはどの言語でも実質的に同じようだ。それが本当でも驚くことではない。ここで取り上げた単純なケースのように、子どもは事実上、それらについての情報を示されるわけではないのだ。普通の複雑さの例に目を向けると、その事実はよりわかりやすくなる。

神経学的にも、実験的にも、いずれかのモダリティでの外在化、ひいてはコミュニケーションやその他のやりとりのための言語使用の付随的な性質についての結論を支持する証拠がある。一〇年前にミラノでアンドレア・モロが始めた研究では、UGの原理に従うが意味を持たないシステムに対して脳の言語野はふつうに活動するが、UGには従わず線形順序付けだけを使ったもっと単純なシステムでは（言語と関係のない脳領域が）あちこち活性化する。つまり被験者はそれらを意味のない言語ではなく、パズルとして扱っていることがうかがわれた。(14) 認知能力は低いが言語能力が高い被験者を対象とした、ニール・スミスとイアンシ＝マリア・ツィンプリの調査でも、それを支持する結果が出ている。(15) 彼らはまた、標準的な被験者は、パズルとしてその問題を提示されると解けるが、言語として提示されると（おそらく言語機能が働くため）解けないという、おもしろい観察も行なっている。これらの研究は、神経科学や実験心理言語学の分野で進みうる魅力的な道筋を示している。

まとめると、言語の性質についての最適な結論は、その基本特性はきわめて単純で、おそらく計算システムにとっても最適であるということだ。これは生成文法の研究が始まったばかりの二〇世紀半ばから、ずっと目指していた目標である。昔はとても手が届かないと思われたが、いまはそれほどでもない。そのもっとも適切な仮定から、経験的な興味深い結論が生じている。私たちは転移（不可思議な例外からはほど遠い）が実は完璧な言語に備わる性質だと考えている。さらに最適な設計からは、転移におけるコピーを生じさせる性質とともに、豊かで複雑な意味解釈が生まれる。また言語は線形順序という単純な性質を無視して、一様にはるかに複雑な構造的距離に依存しているという不可解な事実についても説明できる。それはすべての言語、すべての構造で変わらない。また言語の多様性、複雑さ、順応性は主に、というよりおそらく完全に、言語の構造と意味解釈の核心的内的プロセスに付随する外的システムに局在しているという事実についても説明できる。

これらすべてが正しければ、言語は計算効率と思考表現にとってうまく設計されているが、使用するには、特にコミュニケーションに使うには問題があるということになる。それは言語が、昔から言われているとおり、基本的には思考の道具だからだ。もちろん設計されているという表現は比喩だ。その意味は、人の言語の基本特性と調和するごく単純な進化プロセスは、最適な結果を妨げる外的圧力がないので、計算上の効率がよい思考と理解のシステムを生むということだ。

進化の歴史についての二つの事実に話を戻すと、説得力のある仮説の一つは、脳の配線のわずかな変化から、基本特性の核心的な要素が形成されたというものだ。それは最適な計算手続きで、そこから階層構造をともなう表現の無限の配列が生まれ、他の認知システムにつながる概念のインターフェイスで、それぞれ体系的に解釈される。比較的小さな生物学的変化が大きな効果につながるという状況については、第1章と第4章で簡単に説明しているし、引用したラムズとフィッシャーの論文にもまとまっている。[16] 実のところ、別の可能性を考えるのは容易ではない。何かを際限なく生み出すことにつながる連続的な小さなステップが考えられないからだ。そのような変化がある個体に起きて——もし運がよければ同胞すべてに起きて、一方か（可能性は低いが）両方の親から子孫へと受け継がれる。その性質を与えられた個体はおそらく有利になり、その能力が小さな血族集団で世代を通じて広がる。ある時点で外在化が役に立つようになるが、認知上の大きな問題が生じる。計算効率のために設計されたシステムを、ほとんど関係ない感覚運動システムに写像しなければならない。その問題を解く方法は数多くあるが、どれも制約があり、表面的な多様性と複雑さが生まれ、進化にはほとんど、あるいはまったく含まれない。それは私たちの観察と一致し[17]、もっとも無駄のない推測に思える。ただしルウォンティンが著作で書いているとおりあくまで推測である。

言うまでもなく、これらの意見は表面的な議論にすぎない。新しく、また私たちが有望だと思う方向でSMTを探究している最近の研究がある。もちろん数え切れないほどの言語現象はまだ説明されないままで、検証もほとんどされていないが、ここで概略を説明した仮説は特に説得力を持ち、実りある研究と調査のための多くの機会を提供してくれると思われる。

# 第4章　脳の三角形

## 自然選択を超えて？

自然選択による進化の理論を（ダーウィンと同時期に）発見したアルフレッド・ラッセル・ウォレスは、生物のすべての部位が〝何らかの役に立っているはず〟という、厳格な適応主義者の〝不可欠な有用品〟原則を心の底から信じていた。しかし彼は人間の心の至高の能力――言語、音楽、芸術――が、私たちの祖先にとって何の役に立っていたのか、解明することはできなかった。シェイクスピアのソネットやモーツァルトのソナタが、生殖上の成功にどう寄与するのか。「自然選択によって蛮人が得たのが、類人猿よりわずかに上等な脳であってもおかしくなかったのに、実際には、われらが学会の会員に劣らない脳を持っている」[1]。ダーウィンが『種の起源』で「私は自然選択が変化の主要な要因ではあったが、それが唯一の要因ではなかったと確信している」[2]と書いたのは有名な話だが、ウォレスの徹底した汎適応主義は、ダーウィンをも超えていた。

　そこでウォレスは罪に手を染めた。〝自然〟選択を超えるところへ選択を移すという罪だ。「そのため私たちは、人間という種族が発生するとき、高次の知性がより高貴な目的のために同じ（変異、繁殖、生存の）法則を発動した可能性を認めなければならない」[3]。ダーウィンは仰天した。彼はウォレスにこう書き送っている。「君自身の、そして私の子どもを完全に殺していないことを願う」[4]。

　私たちはウォレスの〝罪〟は、結局のところ、嘆かわしい罪業ではなかったと考える。彼はただ真実を指摘しただけだ。ダーウィン主義は過去からとぎれることのない継続性を厳しく求める——祖先といまの私たちの間に「連続的に無数の小さな変化」があるということだ。しかし、人間にできることと他の動物にはできないこととの間には大きな隔たりがある。それが言語だ。そしてそこにミステリーがある。良質なミステリーを読むときと同じように、ここで私たちは〝フーダニット〟を解明しなければならない。それは、何を、誰が、どこで、いつ、どのように、そしてなぜ、だ。

この章ではこのあと、これらの疑問にできるだけ答えていく。言語についての疑問に対する、私たちの答えをまとめると次のようになる。

● 〝何を〟は突き詰めれば、人の言語の基本特性――他の生物システムとのインターフェイス上で明確な解釈ができる、デジタル的に無限の階層構造表現を構築する能力。[5]
● 〝誰が〟は私たち、解剖学的現生人類であり、チンパンジーでもゴリラでも鳴鳥でもない。
● 〝どこで〟、〝いつ〟は、現生人類が南アフリカに出現した二〇万年ほど前から、約六万年前の最後の出アフリカより以前。[6]
● 〝どのように〟は、基本特性を生む神経機構――ほとんど解明されていないが、最近の経験的証拠からは、本書の別のところで述べたように〝脳のわずかな配線の変化〟という考えと矛盾しないことが示唆されている。
● 〝なぜ〟は、内的思考のための言語の使用で、それは他の知覚、情報処理認知システムを結びつける認知上の接着剤となる。

私たちが理解している範囲で、人の言語の進化についてのこの説は、自然選択による進化は日和見的なブリコラージュ〔既存のものを変更、追加して使用するという意味〕であるという、ジャコブとモノーの見解とよく合致する。私たちの主張は、人間言語の材料のほとんどは事前にそろっていたということだ。既存の皮質回路が再利用された。小さなゲノムの変化が、比較的大きな認知作用を起こした――これはまさに、第2章で引用したラムズとフィッシャーの説だ。(7) 一部の人々とは違い、私たちはここで更新世バージョンのグーグルマップだの、はっきりしない文化の進化だのといったゴシップを、持ち出す必要はないと考えている。

## 何が？

〝何が〟の問題に取り組むにあたって、まず第1章で言及した言語の三つの要素をもう一度考えてみる。第一の要素は、言語の〝CPU〟であり、基本的な合成演算である〝併合〟である。残りの二つ、感覚‐運動システムと概念‐意図システムへのインターフェイスは、併合で組み立てられた構造から〝外在化〟と〝内在化〟のシステムに写像する。外在化には形態音韻論、音声学、プロソディ、その他、話し言葉や身ぶり言語の実現、音声言語や手話の統辞解析のすべてを含む。内在化は併合によってできた階層構造を推論、計画などと関連付ける。

極小主義プログラムの根本的な動機付けに従い、併合は論理的に考えられる限りもっとも単純であると仮定する。第2章と第3章で、併合とは二つの統辞体を項とする二項演算であると定義したことを思い出してみよう。たとえばreadとbooksのような、二つの単語に類似した原子要素を組み合わせて、もとの統辞体を変えることなく、新たに一つの統辞体をつくる。最も単純な仮定に立てば併合は集合形成演算である。その後、新たにできた階層構造に統辞体を繰り返し併合することで、たとえばthe guy read booksのような文ができる。このように併合は再帰的に、無限の階層構造をともなう表現を組み立てる。

語に類似した原子的な対象とともに、併合は人間の言語にとって重大な進化上のイノベーションであると理解することが重要だ。このあと、そして〝誰が〟の疑問に答えるときも述べるが、人間以外の動物も、少なくとも限られた方法で、項目をつなぎ合わせて順次的に処理していくことができることは明らかなようだ。しかし階層的な構造をともなう表現はつくらない。チンパンジーのニムは二つの〝単語〟の組み合わせをいくつか覚えられたが、階層構造をつくるにはほど遠く、ごく単純な文にもならなかった[8]。第2章のジャコブの言葉を思い返すと、人の言語を動物のコミュニケーション以上のものにしているのは併合なのだ。それは〝記号を際限なく組み合わせ〟、〝頭の中で可能世界をつくる〟というユニークな性質を持つ。

さらに第1章を振り返ると、XとYという二つの統辞体に適用可能な併合は、理論的には二つある。XとYが別の場合と、XあるいはYがもう一方の一部である場合だ。前者のケースは外的併合（EM）、後者は内的併合（IM）である。

外的併合は、階層構造を規定するのによりなじみのある文脈自由文法（2型文法）といくらかの類似性があるが、重大な相違もある。通常の文脈自由規則との類似性はわかりやすい。たとえば read と books に適用される併合は、通常の文脈自由規則のVP→動詞 NPに置き換えられる。これは動詞句（VP）とは、動詞のうしろに名詞句（NP）がくる（read books のように）ということだ。併合される二つの統辞体が矢印の右側にある（read と名詞句の books）。それはともかくとして、三つの重大な違いを考えてみよう。第一に、文脈自由規則では、read と books の組み合わせに、動詞句という特別な名前がある。これは併合にはないことだ。むしろ併合にはラベル付けアルゴリズムが必要で、少なくともこのケースでは、動詞が主辞になるようにできるが、ラベル付けアルゴリズムは〝動詞句〟と呼ばれるようなものを生み出すことはない(9)。第二に、文脈自由規則のフォーマットで、PP→動詞 NP（動詞とNPの〝併合〟で形成された前置詞句）のような原則を禁じるものはない。第三に、次で詳しく説明するが、文脈自由規則では、動詞のあとにNPという順序を指定しているが、併合においては順序付けはされない。現代の言語理論の多くは、その中心に、こうした文脈自由の組み合わせ規則を含んでいるが、それは驚くことではない。非有界の階層構造の表現は、人の言語の統辞法に関して、疑う余地のない経験的事実だからだ。主辞駆動句構造文法（HPSG）、語彙機能文法（LFG）といった言語理論には、明確な文脈自由句構造文法に対応する部門が含まれている（左右－先行関係から支配関係を分離したHPSGのバージョンさえある）。他のたとえば木接合文法（TAG）の説明では、語に類似した原子要素で形成された最初の有限の基本的階層構造を先に集めて、組み合わせ演算——付加《アドジャンクション》——を加え、それらを再帰的につなぎ合わせる。（実を言えば、これは再帰が、一般変換と呼ばれるものによって、初期の変換生成文法に取り入れられたやり方にかなり近かった）。ただ組み合わせ範疇文法（CCG）などの理論には、明らかな文脈自由規則はないが、併合に似た、原子としての語を〝結合して〟階層構造を形成する演算がいくつかある。これはバーウィックとエプスタインが最初に指摘した極小主義システムと密接な関係がある。[10] 結果的に、言語の進化についてここで論じることは、これらの理論すべてにそのまま持ち込されることになるだろう。

しかしこうした多くの理論と、併合を基礎とした説明の重大な違いは、併合はつなぎあわせた要素に、線形化したり先行関係を決めたりしないということだ。併合の出力は三角形のような形で表すことができる。二つの項が併合して、三角形の〝底辺〟から上に向かう二辺となり、一番上にラベルが来る。この視覚的な比喩は正確ではない。併合の表示は一般的な図形としての三角形とは大きく違い、下部の二つの項目の〝順序〟は固定されていない（その二つの部分は集合として組み合わされているので）。その結果、read と books は、モビールのように、ぐるぐる入れ替わるのが自由で、左から右への順序は、純粋に統辞法で言えば重要性はなく目につかないが、形態音韻論、音韻論、音声学的には、必ずしもそうではない。

第1章と3章で述べたように、人間の統辞法の特徴の一つは、左から右への順次的な表現ではなく、階層的な表現を使うことだ。ここに私たち自身の言語の進化についての見解が示されている。私たちはこれら二つのまったく違う表現が、別々に進化したと信じているからだ。線形の配列は人間の外在化だけでなく、他の動物にもみられ、一部はおそらく運動制御の配列に関わっている。この点で、ボーンケッセル－シュレセウスキーらによって提唱された、そのような言語の神経生物学的な説明は(11)、言語の階層構造をともなう表現のどんな役割も否定していて、人の言語の進化について誤解させている。彼らの提言は人間と他の動物との進化の距離を強制的になくすことに成功している一方、階層的表現が人の言語の中心にあるという根本的な事実を考慮していないので、経験的見地では失敗している。

このような主張をしているのはボーンケッセル-シュレセウスキーらだけではない。「線形の配列のみ」という見解は、現在の認知科学の文献に広く見られる。ここで一つだけ他の例をあげれば、『英国学士院紀要』の最近の記事でフランクらが「言語使用の非階層的モデル」について概要をまとめ、進化についてボーンケッセル-シュレセウスキーらと同じ議論をしている。[12] フランクらは「単純さと進化の連続性を考えると、人の言語処理の基本は順次的構造にあると理解せざるをえない」[13]と主張している。もしすべての動物にできるのが順番に並んだものごとを処理することだけなら、進化の話は簡単になるというのは本当だが、この意見には問題がある。間違っているのだ。階層的表現は、人間言語の統辞法のあらゆるところにある。

実際、フランクら自身の提言では、put your knife and fork down という句の処理は〝順次的〟と主張しているが、これを処理するとき、さりげなく階層的表現を持ち込んでいる。彼らの提言とは何だろうか？ フランクらは put your knife and fork down のような単語のつながりは「並行した配列の流れの間で切り替えることで」処理されるかもしれないと言っている[14]。それぞれの流れが語を〝まとめてグループ分け〟する。put（最後にdownとつながる）という語の流れ、yourの流れ、そして三番目がknife and forkの流れ。彼らは文の処理機がput your knife and fork downという語のつながりを左から右へと動き、三つの並行な流れのスレッドがつくられるとイメージした。それらは最初は別々につくられる。まず一つの流れがputを取る。次にputという流れができた状態で、yourのための別の流れがつくられる。そして最後に処理機はknife and forkのために、他の二つと並行する三つめの流れをつくる。これら三つのスレッドは、downという語が現れて、putにつながると、ようやく一つにまとめ上げられる。ここで文の単語のつながり全体に、三つの並行した〝カット〟ができ、他の流れからは仕切られているため、暗黙のうちに独自のラベルを付与される[15]。put downのようなそれぞれの〝かたまり〟は、入力の中で恣意的に互いに離れた語からつくられることもある。

フランクらは苦労しながらも、この表現が階層的ではないと主張している（たとえば語のかたまりには「内部に階層構造はなく、要素を順番に並べているだけ[16]」と言っている）が、それが正しいことはありえない。これらは階層的でなければならない。そうでなければこのシステムで、instinctively birds that fly swimという文をきちんと処理できなくなる。この例でinstinctivelyがflyではなくswimを修飾するのは、swimは階層のレベルが一つ

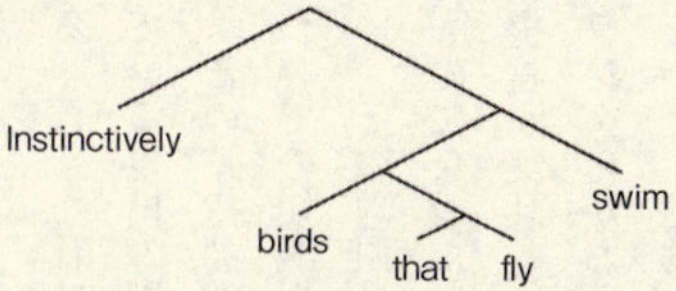


図4・1
人間の言語の統辞構造は左から右への順次的な線形順序ではなく、階層構造が基盤となっている。この図はInstinctively birds that fly swim. という文の統辞構造を表している。ここではinstinctivelyがflyではなくswimを修飾しているという明確な意味がわかる。線形の距離ではflyのほうが近くてもそうなる。instinctivelyがswimと結びつくのは、構造的な距離が近いからだ。swimはinstinctivelyの一段階下に埋め込まれているが、flyは二段階下に埋め込まれている。

〝下位〟なだけだが、flyは二つ下であることを思い出してほしい。図4・1に示されているように、このケースでinstinctivelyは、構造的な距離に関してflyよりもswimに近い。どうやら人の統辞法で重要なのは、線形の距離ではなく構造的な距離だけのようだ。この性質はすべての言語で、関連するすべての構造に当てはまり、前述した最適設計の原則の奥深くに根差すものだろう。

フランクらの〝流れ〟システムでは、これら二つの項目を彼らが例にあげたputとdownのようにつなぎ合わせなければならない。しかし処理機の（不明確な）コントローラーが、instinctivelyとflyではなく、instinctivelyとswimをつなぐことをどう知るのだろうか。唯一の手段は階層構造の〝深さ〟か、その代わりになるものを調べることだ。そこでこのシステムは、関連する依存関係が復元されることを保証するために、暗黙の表現の助けを借りなければならない。一見階層的に思われる情報を使って、恣意的に離れたところにある語を含むいくつかの流れを切り替えることができるコントローラーがあるおかげで、このシステムにはかなりの計算力が備わる。言うなれば、複数のテープを同時に処理する多テープチューリングマシンで想定されている規模の計算力だ。

この（意図的でない）収束は二つの重要なポイントを際立たせる。第一に、人の言語についての知識を表示しようとするとき、階層的な表現を完全に避けるのは難しいことが多い。その理由は単純だ。人の言語は階層的だから、だ。たとえ表現があいまいで手続き的なものになったとしても、階層性は何らかの形で表示しなければならない。第二に、彼らの提言が実証しているのは、階層的処理の実装が間接的なものになりうることであって、フランクらがおそらく避けようとしていた、明白な〝プッシュダウンスタック〟的説明ではない。付随的な利点としては、階層構造を処理するための計算方法が数多くありうると示していることだ。この点については、次に説明する。

言語の性質についてより深く掘り下げれば、階層構造が他の面でもやはり基本だとすぐにはっきりする。例として次のクレーンの本から引用した文を考えてみよう。(17) He said Max ordered sushiという文で、heとMaxが同じ人物ということはあるだろうか。ない。小学校で習った規則によれば、もしheのような代名詞が、Maxのような潜在的先行詞の前にあるとき、これら二つの単語は結び付かない。ここまではいい。ではMax said he ordered sushiはどうだろうか。今度はMaxがheの前にあるので、これらは結び付くこともある（が常にというわけではない。heが別の人の場合もある）。これもわかる。

しかし小学校で習った規則は完全には成り立たない。もう一つの例を見てみよう。While he was holding the pasta, Max ordered sushi. この文だと前にあるheが、Maxとも考えられる。規則はどうなったのか。やはり正しい規則は左から右への順序ではなく〝三角形〟――階層構造――に基づくものであると考えられる。制約とは、代名詞heをカバーする最初の三角形は、同時に名前や名詞をカバーすることはできないということだ。図4・2を見ながら、それがどういうことか考えてみよう。図4・2には三つの例があげられているが、グレーの部分は〝代名詞をカバーする三角形〟を示す。第一の例では、heをカバーするグレーの三角形は、Maxもカバーしているので、heとMaxは同じ人物ではありえない。二番目の例では、heをカバーするグレーの三角形はMaxをカバーしていないので、heとMaxが同じ人物でもおかしくない。最後に三番目の例では、heをカバーするグレーの三角形は、（順次的な線形順序ではheがMaxの前にあるが）Maxはカバーしてい

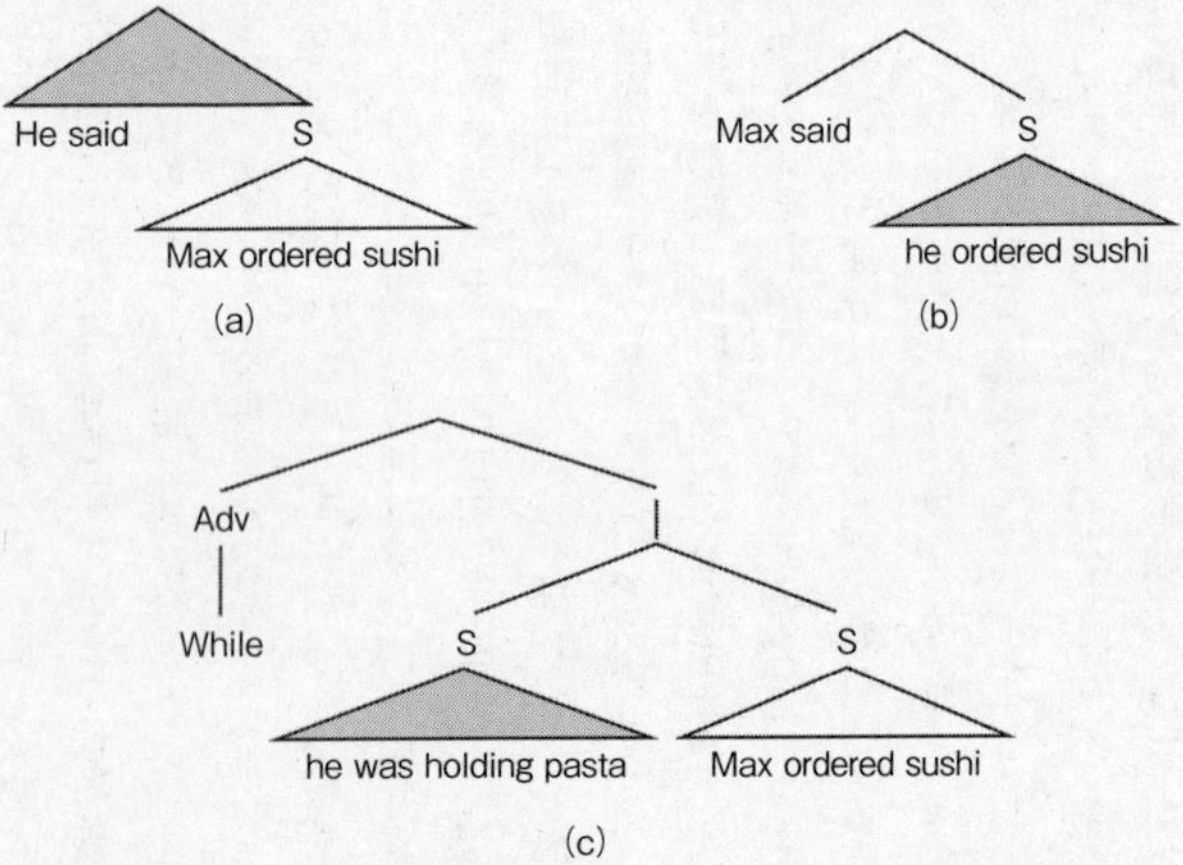


図4・2
人の統辞法で考えられる he と Max のつながりは、左から右への順次的な線形順序ではなく、階層構造で決まる。それぞれの図で、グレーの三角形は he を支配する階層構造を示す。代名詞の he が Max とつながるのは、その三角形が Max も支配していない場合だけだ。(a)：最初の例では、グレーの三角形は Max を支配していないので、結び付くことはありえない。(b)、(c)：二番目と三番目の例では、he と Max の左から右への順序とは関係なく、グレーの三角形は Max を支配していないので、つながりが許容される。例は Crain 2012より。

ないので、Max と he は同じ人物の可能性がある。やはり脳は内的な統辞的目的では、左から右への順序を計算しているわけではないようだ[18]。

内的な統辞計算では、read が books の前にあろうが、Max が he の前にあろうがかまわないというのであれば、語順は言語によって違うと考えるだろう。私たちが発見したのもまさにそれだ。語順は言語の違いの中心だ。日本語とドイツ語はどちらも動詞後続型で、たとえば日本語では「本を読みます」となる。併合は階層構造をともなう表現を〝集合〟として組み立てるので、頭の中でつくられる三角形の〝底辺〟の二つの要素の順序は重要でないし、発話やジェスチャーで、左から右に配列された時間的順序にそって連続的に言葉を発しなければならないとき、どのように階層構造を外在化するかは、それぞれの言語が違う方法を選ぶだろう。

この階層と線形順序の明らかな分業体制が、言語の背後にある進化の経緯に重要な結果をもたらしたと、私たちは信じている。私たちの見方は、言葉のような要素とともに働く併合という演算ができるのは人間だけということだ。他の動物にはできない。

階層／線形という分け方をさらに強調するのは、階層構造が線形と対照をなすという、形式的記述における際立った違いだ。違いの一つは、線形の音声の諸制約は、人間言語の統辞法と対照的に、計算上の記述に反映されている[19]。人間言語の音声システム（〝音素配列〉は常に結合的に説明され、どの音が先でどの音があとになるかは、線形の制約が支配している。そのような制約は文献では正規関係として知られる。たとえば英語を話す人は、英語の音で、plok という並びはあっても ptok はないとわかる。こうした制約は常に有限状態機械という観点から説明することができる。どういうことか見てみよう。

言語学の視点からより現実的な例として、ハインツとイドサルディはナバホ語（アサバスカ語族）の歯擦音調和で証明されたケースをあげている。ナバホ語では「前方粗擦音（[s、z]）あるいは、非前方粗擦音（[ʃ、ʒ]）の組み合わせしか認められない[20]」。たとえば語が［…s…s…］という形をとるのは可能だが、［…s…ʃ…］や［…ʃ…s…］はありえない[21]」（ʃの音は英語の shoe の最初の音に近く、ʒは英語の vision の si の部分に近い。）これはつまり［s］と［ʃ］はどちらが前でも後でも、組み合わせることはできないということだ。省略された部分（…）には、任意の数の音が入る。たとえばナバホ語で dasdolsis（彼は足を上げる）は可能だが、dasdoliʃ は不可能だ。重要なのは、これらの制約はすべて、先行性――どの音がどの音の先になるか後になるか――だけに基づいているということだ。これは当然、併合とはまったく異なる。併合はすでに見たように、語順の関係には目を向けない。

さてどの音がどの音に先行するか、後続するかに関する制約は、有限状態機械を説明するときの主な材料だ。こうした線形の優先性についての制約は、有限状態遷移ネットワークで表現できる。それは状態数が有限のラベル付き有向グラフで、ラベル（音や同類の音のグループを示す）付きの矢印が、出発点となる状態から終点となる状態まで伸びている。そうしたネットワークの、最初の状態から二重丸で示された最後の状態への道筋をたどると、途中のラベルの並びによって、有効な音声の線形の配列すべてがわかる。

例として、図4・3の上部には、ハインツとイドサルディが挙げたナバホ語のsとʃの制約についての有限状態遷移ネットワークが描かれている。見やすくするために、母音はV、前方粗擦音でない子音（s、z以外の子音）はCという記号で示されている。このネットワークが決まった制約を課していることは、dasdoliʃのようなナバホ語として適格でない（sのあとにʃが続くことはないという制約に反しているから）配列や、逆にナバホ語として有効なdasdolisという配列を当てはめてみればすぐにわかる。前者は拒否され、後者は受理される。ここでは詳しく説明はしないが、興味を持った読者のために巻末の注釈でもう少し続ける。[22]

ここでより重要なのは、この単純な三つの状態を持つ有限状態機械が、sとそれに対応する別のs（あるいは規則違反のʃ）の間に入る音の数がいくつであっても、調和の制約を正しく実行できるということだ。機械はただ二つのことをおぼえておけばいい。ある単

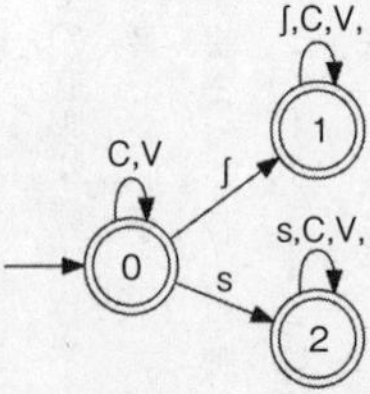

ʃ,C,V,
1
C,V
ʃ
0
s
s,C,V,
2


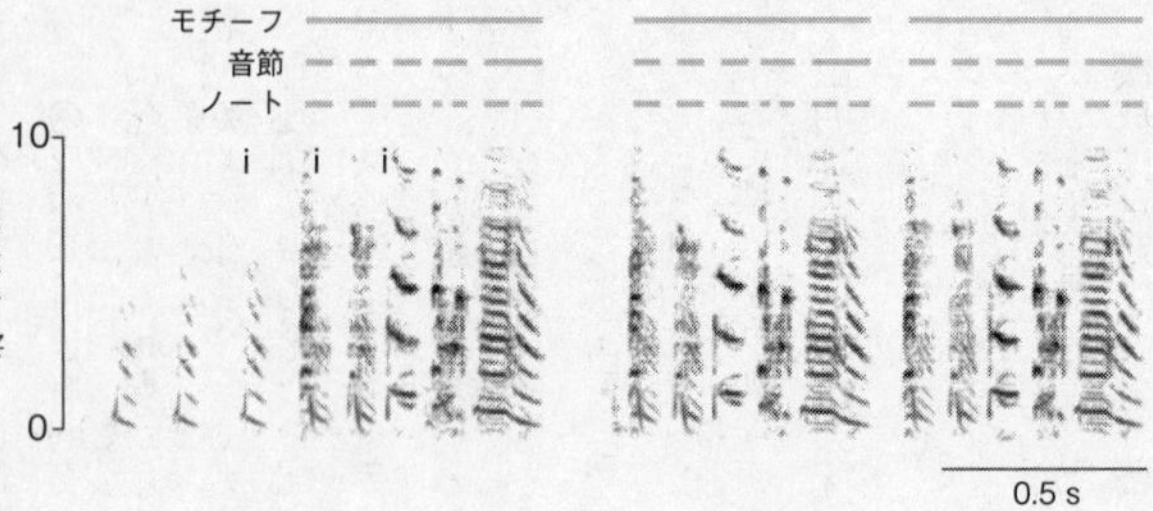

モチーフ
音節
ノート
10
i
i
i
周波数（kHz）
0
0.5 s


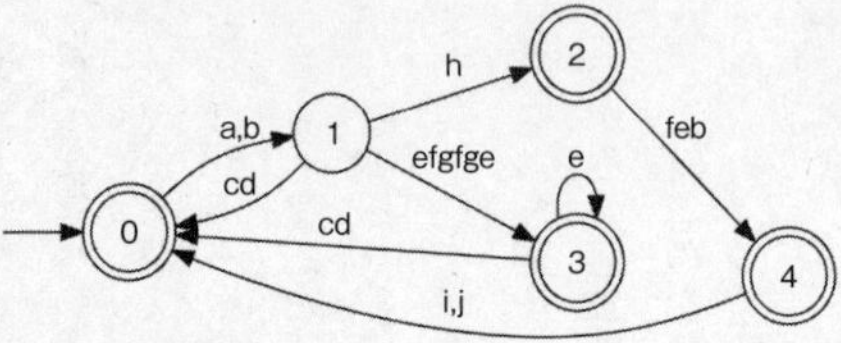

h
2
a,b
1
cd
efgfge
feb
e
0
cd
3
4
i,j

図4・3
人の言語の音声システムとジュウシマツの歌を分析した有限状態遷移ネットワークに、その密接なつながりが表れている。

（上段）適切なナバホ語の単語の音素配列上の制約を示す有限状態遷移ネットワークのラベル付き有向グラフ。Heinz and Idsardi 2013より。この制約は、sのあとにʃが（どの位置でも）来る、あるいはその逆を禁じている。s…s、あるいはʃ…ʃの形しか受理されない。C、Vの遷移はsあるいはʃ以外の子音か母音。二重丸は最終状態。単語は一番左の状態から、すべての文字を一つずつ"分析"され、一つの文字も残らず最終状態に到達するか調べられる。

（中段）ジュウシマツの典型的な歌の音声スペクトログラム。層状の構造を示している。鳴き声はだいたい"導入音から始まり、一つ以上の"モチーフ"（一連の音節の繰り返し）が続く。"音節"とは途切れのない音のまとまりで、一つ以上の"ノート"と呼ばれる首尾一貫した時間周波数のトレースから成る。いくつかのモチーフを連続的に続ける鳴き方は"ソングバウト"と呼ばれる。a,b…jとしるしが付いた音節は、人と機械の認識で決まる。

（下段）ジュウシマツの鳴き声として考えられるノートや音節の並びを、有限状態遷移ネットワークで示したもの。遷移は左端の最初の状態（白い丸で示されている）から始まり、状態をつなぐ遷移を示す矢印にノートが並んだラベルが付いている。中段の図はBerwick et al. 2011. Songs to syntax. *Trends in Cognitive Sciences* 15（3）: 113-121. Elsevir Ltdの許諾を得て掲載。

語にすでに非前方粗擦音が入っていた（状態1）か、前方粗擦音が入っていたか（状態2）。正式には、私たちはそうしたネットワークに受け入れられる記号列の集合（言語）が正規言語を形成すると言う。そうした言語に含まれるつながりの長さは決まっていないのはたしかだが、より深い意味で、つながりに見られるパターンは有限で縛りがある。二つのsの間に一つの摩擦音でない子音が入ることが、二つのsの間に一〇〇〇の子音が入ることと同じ重要性を持つ。

しかし正規であるということで、人間言語の音声システムを説明はできない。ハインツとイドサルディが強調しているように「正規であることは、音韻論上の一般化に必要な性質かもしれないが、もちろんじゅうぶんではない」[23]。つまり人間（および他の動物）の音声システムは、正規言語の狭義の部分集合——実際は、すべての有限状態遷移ネットワークの、高度に制約された部分集合——として、より正確に説明できる。どのような有限状態ネットワークでもうまくいくだけではなく、私たちが知る限りでは、鳴鳥でも同じことが当てはまる。図4・3の中段は、一羽のジュウシマツの歌を録音したもののソノグラムで、下段はその歌を模した有限状態遷移ネットワークを示し、aからjまでの文字はソノグラムにラベル付けされた歌の断片を示す。

自然な音素配列上の制約のクラスを特定するのに、これ以外にどのような制約が必要だろうか。少なくとも一部では、特定の局所性条件に行き着くと思われる。可能なパターンを説明する文脈は、これから説明する形で厳格に制限されている。局所的な制約に従う音素配列上の制約のための有限状態遷移ネットワークは以下の二つの正規言語の真部分集合のどちらかに分類されると仮定されている。（1）厳密にk局所的な正規言語か、（2）厳密にk区分的な正規言語だ[24]。直感的に、このような限定文脈の正規言語が説明するパターンは、（1）最長k個の固定された長さの隣接する文字列（plのような二文字の配列は認めるがptは認めない英語の例では、k = 2）、あるいは（2）隣接しているとは限らない、最長k個の固定された有限の長さの文字列（ナバホ語で二つの要素のつながりs…sは認めるがs…ʃは認めないという例でも、k = 2）だ。より一般的に言うと、どちらの制約も〝限定文脈〟の原則で、文字列そのものか、〝記憶に保管されていなければならない〟要素について効果を発する。

統辞法にも似たタイプの制約がある。内的併合により生じる依存関係は非有界的である。たとえば次のような文がある。how many cars did you tell your friends that they should tell their friends……that they should tell the mechanics to fix [x many cars]。この [x many cars] はコピーで、外在化で削除され、〝……〟で示されている省略部分には限界がない（そしてもちろん、これに代わるものは数え切れないほどある）。しかしさまざまな資料の証拠から、依存関係は段階的に組み立てられていることが示されている。内的併合はその位置での併合を妨げるものがなければ、個々の節境界を通過する――たとえば、もう一つの疑問詞だ。そのために前の文は成り立つが、次の文は成り立たない。how many cars did you tell your friends why they should tell their friends……that they should tell the mechanics to fix [x many cars]。このケースでは why がそのプロセスを阻んでいるようだ。

よく似ているのは偶然ではないかもしれない。これは二つの違うタイプの領域で働いている最小探索に関する同じ制限を例示しているのかもしれない。二つのタイプとは、一つは線形構造、もう一つは階層構造だ。

この問題についてここで詳細に語るつもりはないが、言語学と認知科学にとっての意味は重要と思える。厳密に局所的、厳密に区分的どちらの正規言語も、計算上、実行可能な数の肯定例から学習可能であると示すことができる。[25] 重要なのは、これら二つの局所性制約は、明らかに〝不自然な〟音素配列規則を締め出しているということだ。たとえば、五音ごとに何らかのタイプの子音でなければならないという規則を持つ、いわゆる〝カウンティング〟言語などだ。〝カウンティング〟言語は自然言語ではない。

音素配列に関する制約は鳥の歌にも見られるようだ。岡ノ谷はジュウシマツの歌にもこのような制限があると指摘した。[26] バーウィックとピラトが k＝2の k－可逆性有限状態言語として研究したものの変異の一つであり、正規言語の簡単に学習できる部分集合である。これについてはもう少し、次の節で論じる。

このような局所性制約は、他のバージョンの変換生成文法のための学習可能性を証明するのに、ある役割を果たしている。これらの状況から生じたよく知られた結果の一つに、ウェクスラーとカリコヴァーによる、〝限定的な誤りの程度〟という概念に基づく、いわゆる〝Degree 2 learnability theory（程度二の学習可能性）〟がある。[27] これは一九七〇年代の変換文法理論は限定的な階層の深さの、簡潔な肯定的な例から学習可能であることを証明した。関連する研究で、バーウィックは一九八〇年代の統率・束縛理論、さらに、簡潔で階層が限定された肯定的な例（実行された変換文法解析ツールの文脈内で）における、関連する学習可能性の結果を確立した。[28] どちらのアプローチも、学習者が（おそらく間違った）規則を仮定できる領域を制限するため、〝有界的階層文脈〟という概念を用いている。この領域を有限にすることで、決まった回数失敗すると、学習者は正しい仮説を見つけられることが確実になる──検出可能な間違いも、そして／あるいは正しく公式化できる仮説も、決まった数しかない（現代の機械学習の用語を使うと、ウェクスラー‐カリコヴァー

そしてバーウィックの制約は、無限から（わずかな）有限値までで可能な文法／言語空間の、ヴァプニック‐チェルノヴェンキス（VC）次元を減らし、それが学習可能性を保証

する、と言う）。予備研究では、同様の局所性制約が、併合タイプの文法理論の学習可能性の確立に、何かの役割を果たしているかもしれないことが示唆されている。

どちらにしても、有界局所文脈は、少なくとも一つ、人と鳴鳥のどちらも外在化のために用いる音声システムの自然な制約の、明確で認知的に洞察に富んだ部分的説明を提示している。有限状態遷移ネットワークがどのように脳の中で実装されているのか、はっきりとはわからないが、この話題についての提言は、少なくともクリーネの一九五六年の論文『Representation of Events in Nerve Nets and Finite Automata（神経網と有限オートマトンで起こっていること）』[29] までさかのぼる。

階層構造の計算についてはどうだろうか。六〇年前から知られていたとおり、これは基本的に有限状態ネットワークの手の及ばないままだ。形式的には、有限状態遷移ネットワークで定義される言語の代数は、文字列連結の結合性に従わなければならない。このような限界を持つシステムは、階層的な統辞構造の説明には向かない。その理由をさぐるために、c、a、tという三つの記号で考えてみよう。白い丸（◦）が文字列連結を示し、わかりやすくするために、連結の順番を示すために括弧を使う。有限状態遷移ネットワークがcatという文字列を受理するとする。それはまずcがaと連結し、それで生じたc◦aが、次にtと連結し、それでできたcat、（c◦a）◦tも有限状態機械に受理されるということだ。

結合性により、aが最初にtと連結してa∘tとなり、その前にcが連結すれば、c∘(a∘t)で、やはりcatという文字列ができて、この文字列もまた同じ機械に受理される。ここまでは結合性の定義を、例を使って説明しただけだ。ここからがおもしろいところだ。もし使えるのが線形の連結と結合だけなら、deep blue sky のような言葉の列は、構造的に二通りの解釈ができる、つまり(deep blue) sky と、deep (blue sky) が違うということにはならない。組み立てる順序が異なっていても、結合性のある文字列連結の規則のもとでは同じとみなされるからだ。しかし合成の順序の違いがわからないと、二つの違う意味を持つ、二つの違った構造を区別することはできない。これは強生成能力と呼ばれる、よく知られた誤りだ。その誤りに、区別されなければいけない構造とはどのようなものかが示されている。これは最初にチョムスキーにより[30]、なぜ有限状態システムが結局は人間の言語知識の説明に向かないか、その理由の一つとして用いられた[31]。

形式理論の観点からは、階層構造に必要な計算装置は、チョムスキー(一九五六)以降よく研究されている。階層構造を組み立てるのに最低限、何が必要かはわかっている。二つの統辞体、XとYを併合するとき、論理的に可能なケースは二つしかない。XとYが分離したものか、片方がもう一方の一部か(XとYが同一のケースは除く)。

XとYが分離した統辞体なら、外的併合が適用され、この演算を大まかにまねていると思われるのが、もともとチョムスキーが2型あるいは文脈自由文法(CFG)と呼んだもの規則であり、それを最初に実証したのがバーウィックとエプスタインである[32]。しかし正規言語やそれらを模倣する文法、あるいはそれを映す機械のケースのように、ある言語が文脈自由言語であるとか、その文法が文脈自由であると言うだけでは十分ではない。言語についての人間の知識の記述ではないCFGは数多く(大半)あるし、もっと重要なのは、CFGは言語についての人間の知識をうまく記述できないということだ。この事実は少なくともチョムスキーが一九五七年に指摘していて[33]、その後もチョムスキー(一九六五)はじめ複数の研究者が再び、強調している[34]。それについてはあとで簡単に説明する。一つの統辞体がもう一方の一部なら、それは内的併合の例となる。この場合、すべてのケースでどんな計算力が求められるかを解明するのに、もう少し注意が必要だ。少なくとも可能な文とその構造を複製するという意味で、うまくいくと考えられる一つの拡張理論は、ステーブラーが記述した多重文脈自由文法(MCFG)として知られているもの[35]をはじめ、いくつかある。そのような文法の詳細の大半は、ここでは問題にならない。MCFGの形式を持ち出すのは、形式や計算の面で併合を基本とする理論をモデル化するのに、あるいはそうしたシステムのための効率的な統辞解析器をつくるのに、ときどき聞く主張に反して障壁はまったくないということを示すためだ。私たちが理解できる範囲で、同じ幅広い経験的な例をカバーする現代の言語学理論はすべて――HPSGからLFG、TAG、CCG、極小主義者のシステムまで――厳密に計算だけの面からみると同等である[36]（とはいうものの、それらの理論は経験上その他いくつかの面で違っている）。

MCFGは通常の文脈自由文法を拡張して、規則の左右の側の非終端記号の範囲の中にある変数を含む。これらの変数が終端連鎖に等しく付けられる場合があり、併合を基本とした枠組みの中でコピーされた統辞体を〝指示〟するのに使うことができる。言い換えると、VP→動詞NPのような規則の代わりに、VPとNPの記号に次のような変数を加える。VP（x）→動詞NP（x）このxは何らかの値、たとえばwhatのような文字列を持つかもしれない。その特別な力によって、私たちは一部のケースで内的併合が行なうことをシミュレートできる[37]。

一つ簡略化した例をあげてみよう。did John guess whatのような統辞体があるとして（より正確に言うと、この単語列に相当する集合としての統辞体）、内的併合をX＝did John guess whatとY＝whatに適用すると、例によってより大きな統辞体ができる。それを〝CP〟と呼び、what did John guess whatを含む。MCFGで、ふつうの文脈自由規則を増やすことでCPをこのように（細かいことは重要でない）〝補文標識〟として拡張し、屈折句を続けることで、これをまねることができる。CP→C IP。同様のMCFGの拡大は次のように書くことができる。非終端記号のCPとIPの内部には、文字列の項x、yがある。CP (yx) → C IP (x, y)。ここでyxはxとyの連結を示すが、IPはそれらの文字列が離れているところで、二つの項を持つ。もしx = what、y = did John eat what なら、連結された列yxは、what did John eat what となり、拡大された規則は内的併合が行なう〝コピー〟をまねるようにすることができる。(ここでは正確な手順の詳細ははぶいた。興味のある読者はKobele 2006; Stabler 2012; graf 2013を参照いただきたい)。

CFGもMCFGも人間の言語を正確に記述できないということは、いくら強調してもじゅうぶんではない。有限状態遷移ネットワーク文法やそれに対応する言語のように、それらは数多くの言語と構造をあまりにも簡単に記述しているが、それを証明することはできない。もっと重要なのは、それらは存在が確認されている人間の言語の正しい構造を生成しない。deep blue sky と同じような問題だ。それができることもあるが、それは膨大な数の異質な規則を加えてのことだ。以下に一つ例を見てみよう。

バーウィック[38]とステーブラー[39]は、CFGあるいはMCFGで、英語に見られるWH疑問文のパターンを正しく再現するには、本質的には、たとえば一番前のwhatと、readのうしろの(認められない)位置との間の、排除されるべきすべての句のリストとして、これらのシステムにあとから制約を課さなければならないことを証明した。そうなると結果的に生じるCFGやMCFGが指数関数的に大きくなり、このようなシステムが、それらを簡潔で体系的な規則として捉えているのではなく、単に可能性をリストアップしているだけということを警告する。この種の制約を正しく一般化するには、what と read の目的語との間の、特定の種類の句をリストにする必要はない。第一近似として内的併合（コピー）された句は、（前述の "mechanics-cars" の例のように）何らかの介在要素がさらなる内的併合を禁じていない限り、出発点から着地点の間に何があろうと関係ないからだ。要するに、そのような追加された制約には、チョムスキーの著作で論じられている意味[40]で、そしてバーウィックの著作において形式的に要約されているような意味で[41]、説明的妥当性が欠けている。

　有限状態オートマトンからプッシュダウンへ、そしてさらにスタックを拡張した機械（オートマトン）への序列は、何か進化上の進歩を感じさせ、根本にある進化のシナリオを示唆しているが、私たちはそれはおとりだと思っている。そのような誘惑には抗うべきだ。中世の自然の階梯《スカラナチュレ》が、そこに隠れているのではないかと考えたくなるのはわかる。有限状態の土地に棲む下等なアメーバ、スタックを登る霊長類、そして最後に私たちは困難を切り抜けて星を目指し、もう一歩ジャンプして、ゆるやかな文脈依存性に到達した。まさにそのような主張をした人々もいた。しかしこのアメーバから天使へのイメージには問題もある。それがガリステルとキングが強調した、テューリングマシンの落とし穴だ[42]。昆虫が道を知るためには（アリが餌を巣に持って帰るとき、自分の位置を固定点や前にいた位置から現在の位置を推測するなど）、単純な記録テープのような記憶細胞から〝読み出し〟そして〝書き込む〟能力が必要と思われる。もしそうなら、テューリングマシンに必要なのもそれだけだ。したがってこれが本当なら、アリはすでに自然の階梯を一番上まで昇っていることになる。ここでも問題は、アリは人間のように、任意に複雑な階層的表現を構築していないらしいということだ[43]。

〝何が〟に対する私たちの答えをまとめると、私たちは人間と他の動物との間に、とても明快ではっきりした線を引いている。私たちだけが、他の動物にはできない、併合という演算ができ、その結果、階層構造をともなう表現を無限に並べることができる。そこにはあちこちで転移が起こり、心に依存していて、語に類似した原子要素に基づき、生成の各段階にインターフェイス上で決定的な解釈が行なわれる。私たちはまた、抽象的なレベルで、そのような表現を計算するための計算装置について記述した。他の多くの人たちとともに、これは皮質を持ついまの〝人の頭脳〟でできると思うが、私たちはさらに何が必要か、この章の最後で推測している。

これらすべて、デイヴィッド・マーが、すべての情報処理システムの第一レベルの分析と呼んだものへの答えと受け取れるかもしれない[44]——解決できるのは何の問題だろうか。基本特性はどのように計算するのだろうか。言語システムはどのようにして、任意の階層表現を組み立てるのだろうか。この向こうには、他の二つのレベル——アルゴリズムと実装のレベル——についてのマーの問題がある。マーのレベルの観点から、〝何が〟について、さらに言うことがあるだろうか。

よく知られた課題は、その作業ができるアルゴリズムも実装法も本当に数多くあるということだ。それが問題だ。人間の知覚について知っていることでは、アルゴリズムや実装法をここで決定することはできないし、進化上の実装についても断言はできない。私たちはありきたりのことしか言えない。心に依存している語は基本特性とともに働く。それは脳で何を見つけられそうか手がかりを与えてくれる。それについてはこの章の最後で説明しよう。それ以外には何かあるだろうか。

アルゴリズムと実装については、リチャード・ファインマンの有名なセリフ[45]がぴったり当てはまる。「底にはじゅうぶんなスペースがある」。底だけではなく、真ん中にも最上階レベルにも、街がまるごと入るだけのスペースがある。どんな神経生理学者の見解も及ばない世界が〝底〟にある——脳の回路は〝連続作業記憶〟、〝スパース符号化〟、〝シンファイア・チェーン〟、〝ポピュレーションコーディング〟といった、雑な用語でしか分類されていない。それではとてもコンピュータ設計者が活用できることの可能性を数え始めることはできない。体系的な抽象化レイヤー回路の設計知識（データフロー構造からパイプライン処理されたCPU設計、非同期処理まで）はまだほとんど認知モデル化の実践に取り入れられていない。コンピュータ・アーキテクチャに関する標準的な本を見れば（たとえばHennessy and Patterson 2011）設計のアイデアはたくさんあるとわかる。ほぼ四〇年前、私たちの一人（バーウィック）は、仮説にごく小さな刺激を入れる――一つの命令にごくわずかな固定パラレリズムを導入する――だけで異質な言語理論と考えられていたものが、同じ心理言語学の予想の範疇に入ることに気づいた。

ここではアルゴリズム・レベルだけを考え、ある特定のアルゴリズムで可能なさまざまな実装については考えないことにしよう。ふつうの階層表現を計算する、ごく単純なアルゴリズムがある。文脈自由統辞解析の標準的な教科書では、いくつかの違ったアプローチが載っているだろう。単純な見解では、ある種の〝プッシュダウンスタック〟を使わせるだろう。それがきわめてふつうの形式言語理論の教えだからだ。しかし第1章で、プッシュダウンスタックを実行するのは、生物エネルギー論的に実現可能な神経ネットワークでは問題があると指摘している。

自然言語の統辞解析の教科書では、これをどうやるかが詳しく説明されている。文脈自由型の計算のために最も広く用いられているアルゴリズムは、ふつうあからさまなプッシュダウンスタックをまったく使わない。それよりCYK（一九六七）やアーリー法（一九七〇）といった方法には、プッシュダウンスタックと同じ情報を提供する間接的な方法がある。

それはどのような仕組みだろうか。n語からなる文があるとすると、それらの方法では、n×nの二次元行列の上半分のようなものをつくり、それらを〝併合された〟ラベル要素で〝埋めていく〟が、どのマスに入るかは、併合がきちんとラベル付けできるかどうかによって決まる。たとえばJohn read booksなら、マスが3×3の行列で、readとbooksを併合した結果のラベルが、2、3のマス目に入る。標準的な文脈自由文法では、相当するラベルを決めるのは些細なことだ。もし動詞とNPを組み合わせてVPにする規則があれば、前に見たようにラベルはVPであり、これを（2、3）のマス目に入れる。これらすべて、行列のセルを記憶位置と想定できる、下のレベルの神経的な面からしても説得力があるように思える。（それらは一般的なコンピュータのように、〝アドレス指定〟される必要はないということを、次で述べる。[46]）

この状況でプッシュダウンスタックはどこで出てくるのだろうか。マトリックスの縦の列は、暗黙のスタックの位置を意味する。この〝トランスペアレント〟なスタックがないということは驚くには当たらないだろう。テューリングマシンを考えてみよう。これはそもそも、どんな計算でも実行できなければならない。またテューリングマシンにはスタックもない。それらは〝エミュレート（模倣）〟されなければならないが、たいてい苦痛なほど遠回りな方法になるということを、テューリングマシンの〝プログラミング〟を実行しようとしたことがある学生は誰もが感じるだろう。遠回りではないＭＣＦＧや内的／外的併合への直接の拡張は、コベル[47]やカルマイヤー[48]に見られるかもしれない。

実際のところ、統辞解析のアルゴリズムで、明確に〝解析木〟をつくるものもほとんどない。それが表に出ないことが多いのは、それを計算するのは貴重な資源の無駄遣いに終わることが多いからだ。その代わりに意味解釈は、併合が起こった順番から手続き的に読み取ることができる。スタックと同じように、言語計算に明確な木構造がないことで、一部の認知科学者が混乱をきたしているようだ。彼らは木構造（グラフ構造）は不可欠であり、心的／認知的言語表現に必要な条件を課すと主張している。そのため木構造を捨てるべきだという言語の分析は、認知上、非現実的だと主張するのだ。これは二重の意味で間違っている。言語理論はそのような制約を課したことはない。むしろ逆が正しい。言語学者のハワード・ラズニクが注意深く説明しているように[49]、変換文法のオリジナルの公式表現は、集合論的であって、グラフ理論的ではなかった。木構造は教育上の助けでしかない。

基本特性も集合をつくることを思い出してほしい。

集合を基本とした表現は、内容参照可能《コンテント・アドレッサブル》メモリと呼ばれるものを使う神経構造の概念と矛盾しない。それはふつうのノートパソコンに使われている通常のアドレッシングよりも、人の記憶にはふさわしい構成だとしばしば示唆されている。通常のコンピュータでは、アドレス指定は家の番地のように行われる。ある家が一一四番地なのは一一二番地のうしろだから、あるいはアドレス帳を見たらその番号になっていたから。内容参照可能システムでは、メモリは家の特徴に関連して呼び出される。池のほとりにあるグレーの屋根板で、現代的な中二階のある家、というように。検索は特徴のマッチングで行なわれる。

どこかで聞いたことがあるような話に思えてこないだろうか。これは現代の文理解の心理学者にとっては安心できる考え方だ。それについてはたとえばヴァン・ダイクとジョンズのレビューを見てほしい[50]。しかしこれは併合に基づくアプローチとも両立する。なぜそうなるのだろうか。併合で組み立てられる核心的な構造は二つの統辞体とラベルでできていることを思い出してみよう。ラベルそのものが素性の集合であり、検索のためのコンテンツを提供する。その下の統辞体も、再帰的に、あるいは語に類似した原子要素の素性によってつくり出された、ラベル付けされた素性を持つ。最初はこうしたさまざまな素性があると、すべてが混乱してしまうのではないかと思うかもしれないが、そうはならない。

実際、一九六〇年代後半から一九七〇年代には、内容参照可能メモリは、映像を階層的に分解するとき広く用いられていた。たとえばアズリエル・ローゼンフェルドとハリー・サメットがメリーランド大学で行なった、〝四分木〟についての包括的な有名な研究がある。(51)ローゼンフェルドは内容参照可能メモリを使えば、階層構造を自然で効率的で直接的に実装できることを示した。

この問題については、これ以上ここで扱うことはないが、階層構造は内容参照可能な、もっと〝脳に近い〟と考えられている記憶システムで、簡単に表現するのには向いていないという混乱があるように思えるということだけはもう一度言っておく。むしろ逆に、標準的なコンピュータ科学の研究から間違っていると示されている。それではなぜ、この種のメモリがもっと広く使われないのだろうか。それは経済性のためだ。内容参照可能メモリが数十年前に使われなくなった原因はコストだった。不利な点は考え方の面ではなく、競争面だけだった。標準的なアドレス指定法の大規模集積回路のほうが安かったのだ。しかし内容参照可能メモリの時代が戻ってくるかもしれない。昔ながらのシリコン集積回路のコンピュータとも互換性がある幅広い〝実装《インプリメンテーション》〟をじゅうぶん理解したいと望む認知科学者が、内容参照可能なコンピュータ・アーキテクチャ・デザインの歴史を検証するべきだろう。(52)

これらのアルゴリズムでは、実行順序にも柔軟性がある。動的計画法を使って部分結果を〝記憶〟することで、CKY法やアーリー法のアルゴリズムで用いられた検索パターンを、厳格なトップダウン、厳格なボトムアップ、あるいは事実上、その中間の論理的に矛盾のないどのような形でも動くように変えられるのは、ずっと前から知られていた。その方法では、マス目を埋める特定の順序を指示しない。これは〝演繹としての統辞解析〟アプローチを注意深く研究している学者たちのあいだではよく知られている。

三〇年もの間、研究を重ねていても、このような計算パターンを、人間並みの処理負荷に見合うようどう変更するか、新しい方法が毎年のように現れる。これはまだ研究が手薄な領域のままだ（Schuler et al. 2010を参照）。二五年以上前から知られている方法としては、明らかな言語の枝分かれ構造を〝ひっくり返して〟文を左から右に処理しているとき記憶負荷を不必要に増加させずに文を処理できるようにしたものがある[53]が、実際、同じ解決策の一つのバージョンを、ステーブラーが二、三〇年前に初めて提言し[54]、次の三つの仮説の間には、矛盾がまったくないことを示した。（1）逐次的な解釈、文の語のできるだけ速やかな解釈、（2）右枝分かれ統辞構造、そして（3）言語の〝脳内文法〟の直接的な使用。（2）と（あるいは）（3）を強く拒否する人がいる一方で、ステーブラーは、段階を混ぜることが許されれば、すべての仮説に楽に合わせられることを示した。ステーブラーが述べたように、併合したユニットを完全に構築する前に、構築と解釈を始めることはできる。料理をあらかじめすべて完成させなくても、準備しながら出し始めることができるのと同じだ。「ステーキが焼ける前にサラダをボウルに盛り付けることはできるのだ」[55]こうしたアルゴリズムについて説明すると、それだけでもう一冊本が書ける。またここでの私たちの目的は自然言語処理についての本を書くことではない。私たちが主張したいのは、ただ数多くの異なるタイプの深く研究すべきアルゴリズムがあるということだ。そのどれも心理言語学的な正確さと進化による変化に、違う意味を持つ可能性がある——効率的な統辞解析が、どのような形であれ最終的に進化上の成功にとって重要だと考えるなら。

しかしまだ終わりではない。これまで論じてきた可能性はすべて、直列計算を中心に回っている。併合タイプの言語解析法のためには、同様の並列アルゴリズムという異なる方法がある——これもまた進化上の意味を持つかもしれない。ここで一つ基本的な方法を指摘しておこう。VLSI(超大規模集積回路)のためにつくられた方法だ[56]。これもまた行列に基づく、コンピュータ版のアーリー法アルゴリズムである。行列が並列計算の単純な形に適しているのは、いくつかの要素を同時に埋めて、並行して列を処理できるからだ。the guy read books のような例では、read books に対するラベル付けと併合の演算を、the guy

に対するのと同時に行なえる。そのような計算をどう調整するかについてはここで言及する余裕はないが、幅広い違った種類の並列コンピュータ・アーキテクチャがあり、相互接続しているユニットが大きいものを「粗粒度」、小さいものは「細粒度」と言う。粗粒度並列と細粒度並列は、少なくとも一部では、古いバージョンの変換文法、原理・パラメータ（P&P）理論と関連して扱われている。[57] ここで粗粒度並列がどのように働いているかは、すぐにわかる。P&P理論には二〇ほどのモジュールがあり（格理論、空範疇原理、Xバー理論、束縛理論……）、それらが連動して可能な文構造を認可するようになっていた。それらの中には、互いに独立しているものもあるが、前にMax ordered sushiの文で説明した束縛理論のように、それが適用される前にかかった構造上の計算に依存しているものもある。フォンは早いうちに、共同で働くものはどれか、別々に働くものはどれかを調査し、その結果の実装負荷を計算した。この種の大規模な文法理論の、より複雑な関わり合いについての深い分析はいまだ実行されておらず、細かいことが本当に重要なのかはわかっていない。私たちが知る限り、もっと新しい併合タイプのシステムのための統辞解析ツールの並列バージョンを実装しようとする、本格的な取り組みはない。

マーの理論における第三のレベル、実装についてはどうだろうか。これもまた、多くの選択肢がある。この問題について、明確に極小主義の枠組みの統辞解析につながる、文脈自由の統辞解析のための単独のアルゴリズムの範囲で調べてみたいという読者は、グレアム、ハリソン、ルッツォを参照するとよい[58]。それらを読めば、CKYに似た方法には、コンピュータ・アーキテクチャが正確にはどのようにリストをメモリに保存し、ルール・チェーンのプリコンパイルなどをしているかによって、何十という実装の選択肢があることがわかるだろう。私たちは細かい知識はないので、ここで同等の選択肢の中から選ぶことさえできない。どれも計算性能が大きく違う結果になる可能性があるからだ。いずれにしても、ファインマンとガリステルの問題は解決されないままだ。

## 誰が?

多くの難しい認知作業において、秀でた能力を持つ動物がいることを、私たちは知っている。カラス科の鳥は多くの認知領域で、とても優れた能力を持っている。道具をつくり、高度な空間的・因果的推論を行ない、隠した食物の場所と質を記憶する。アメリカカケスは小石にひもを結びつけ、それを穴の中に垂らしてアリを誘い出して餌にする。

ウズラやニワトリなど音声学習しない鳥もいるが、鳴鳥はかなり高度な音声学習ができる。鳴鳥のオスは幼鳥に教え、幼鳥はそれを覚えなければならない。歌をなわばりの主張や求愛に使うため、多少の変更を加えることもある。人間と同じように、左脳への側性化がある。またやはり人間と同じように、思春期のテストステロンの分泌によって、学習の臨界期が終わる。

それだけ多くの明らかな類似性があると、少なくともアリストテレスの時代から、人々が鳥の歌は言語のよいモデルになるのではないかと考えてもおかしくない。しかしいまわかっていることからすると、結論としては、鳥の歌は発話のモデルにはなっても、言語のモデルにはならない。バーウィックらが述べているように「人間言語の統辞的特性の多くは鳥の歌には見られない。例外は人間言語の音声システムに関わるものだけだ[59]」。これは鳥の歌、そして人間の言語との類似と違いに関するどんな形式的分析でもかなりはっきりしている。人間言語の統辞法の一六の重大な性質のうち、鳥の歌と人間言語の統辞法どちらにも見られるのは二つしかない。隣接性を基盤とする依存と、グループ分けして〝かたまり〟をつくることだ。

これは次のように簡潔にまとめることができる。鳥の歌と、人間言語の外在化音声システムはどちらも、先行関係を基盤とする依存があり、これは有限状態遷移ネットワークを通して記述できる。人間言語の統辞法の他の重要な性質はすべて、鳥の歌にはない。その中には、非有界の非隣接依存、階層構造、統辞規則の構造依存性、そして、句の〝転位〟

などが含まれる。

前節で見たように、鳥の歌を説明する有限状態遷移ネットワークは、ある面で人間の音素配列の制約に似ているが、制約はさらにきつい。ジュウシマツのようなある種の鳴鳥は、知られている中でも特に複雑だ。ジュウシマツの歌を分析するには、鳥が出せるすべての音の配列を書き留める。図4・3中段で示した一羽のジュウシマツから録音した歌のソノグラムを思い出してほしい。それは研究者によって音節という〝まとまりに分けられ〟、a、b、c、d、e〜jとラベル付けされている。その下の部分はこの鳴き声に対応する線形遷移図を示し、その鳥がだせるすべての音節配列を表している。a、b、cといった個別の文字は、ソノグラムの同じ〝かたまり〟のラベルと一致している。

このような有限状態遷移ネットワークでは、長さが任意でループがあるような鳴き声でも、ふつうの反復的な性質があるが、人間の言語よりはるかに単純だ。そしてこのケースでさえ、回数の決まっていない繰り返しは、動物行動学的文脈ではあまり重要でないかもしれないので、鳥が「有限の手段を無限に使う」ことは、完全には明らかになっていない。(反復がメス向けの適応性アピールとしての役割を果たしているように思えるケースはたくさんあるが、繰り返しが七一回と七〇回で何か違いがあるのかはっきりしない)。さらにこうした反復は、人間言語の統辞法よりもシンプルだ。ナバホ語やトルコ語のような言語の音声システムは、鳥の鳴き声より多くを表現するのは明らかだ――それらは単語の最初の特定の音は、間にどれほどの音が入っても、最後の音と一致（調和）しなければならないという、〝長距離〟調和依存を含む。この種の長距離〝調和〟は鳥の鳴き声では確認されているが、ある種の長距離にわたる相関構造が、カナリアの鳴き声に存在する可能性を指摘する新しい研究がある。[60] もしそうなら、鳥の鳴き声はやはり、ハインツとイドサルディが説明した、厳しい二つの制約に縛られている。

　私たちが何度か説明した基本的なポイントは、鳥の歌はこれ以上複雑になることはないということだ。線形に切り分けることは鳥の鳴き声に見られる。連続したさえずりを〝切断〟して一つの知覚、あるいはモチーフと呼ばれる産出ユニットにできる。モチーフは反復することはできても、他のモチーフを包含するモチーフはない。たとえばツイート（ハイピッチの短い音）とトリルの組み合わせ自体が、ワーブル（音の周波数を変化させる）のモチーフに含まれることはない。[61]

　バーウィックとピラト（一九八七）の研究にもとづいた、岡ノ谷一夫（二〇〇四）の研究は、[62] 成鳥が非常に限られたパターンに従う（〝有界文脈〟と呼ぶ）歌をお手本として歌うことで幼鳥に効率的に〝教えられる〟と考えられるネットワークで説明できることを示した。それらはk可逆性有限状態遷移ネットワーク、その結果として生じる歌はk可逆性有限状態遷移ネットワーク言語として知られる。直感的にk可逆性とは、ある状態でのどのような非決定的な選択も、k個の〝音節のかたまり〟の局所的後向性文脈を見れば解決できるという意味だ。この制限の効率的な部分の意味は、幼鳥は計算上、効率的な数の手本から学べるということだ。そうなるとこのケースでは、この制限が鳴鳥について、言語学の古い疑問の一つに答えを出している。それは〝言語の知識〟（ここでは鳥の歌）をどう獲得するか、ということだ。上記の結果が的外れでなければ、鳴鳥の場合、学習する言語のクラスを少なくすれば答えが出ると思われる。幼鳥が学習するときの先験的な情報は、それらが獲得する歌はk可逆的な言語から引き出されているということだ（この特定のもののほかにも制約があるかもしれないが、十分に研究されていない）。

　鳥の歌や人間以外の動物の能力についての私たちの見解が、進化の話にどう関わっているのだろうか。もし人間以外の動物も、私たちがすることをほとんどできるなら、このほぼ近似に加えてただ一つの顕著な断絶——併合《マージ》——が、ある程度、ダーウィンとウォレスが直面した、言語の進化についてのジレンマを解決できる。たとえばフィッチは、霊長類の聴覚・発声システムは、基本的に〝言語獲得の素地がある〟ようだと述べている。

　言語音声に限られ、人間の聞き手に固有の言語認識メカニズムを、誰もが納得するように実証するものはない。そのため現時点では、言語認識は他の動物とだいたい共通する認知処理メカニズムに基づいていると考えるのが無難だろう。そこにある細かな違いは、言語音声を認識するための大きな障害にもならないし、初期のヒト科の言語の進化に障壁をもたらすほど重大な問題でもないと思える。……私の結論としては、人間以外の哺乳類の聴覚は、言語認識に完全に対応しているし、初期のヒト科の言語の進化に障壁をもたらすくらい重要である。……人間以外の哺乳類の聴覚は、言語認識に完全に対応していて、哺乳類の声道のつくりは、さまざまな知覚上違った音声を出すことができ、もちろん基本的な発話によるコミュニケーションが可能であるというのが私の結論だ[63]。

この音声学習と発話のための〝言語獲得の素地〟を考えると、もし霊長類の脳が本当に言語の音声や音素的性質に合わせて〝調整〟されているが、サルには騒音しか聞こえないところ、人間の幼児は騒音の中から言語に関する情報を引き出しているとしたら、それは人間の幼児には、他の霊長類にはない独特の内的処理方法があるという直接の証拠となる。この問題について、いまは触れないでおく。

鳴鳥における併合はどうだろうか。前述したとおり、鳥の歌にはモチーフの内部にモチーフはない。つまりワーブルとツイートのモチーフ自体が、ワーブルとラベル付けされるようなものはないということだ。また鳴鳥が併合で生じる階層構造を〝認識〟するよう訓練できるという、実験的な証拠もない。高度な音声学習をする鳥、ジュウシマツやホシムクドリに、非線形の、あるいは階層的なパターンを覚えさせようとする試みは、ベッカーズ、ボルヒュス、バーウィックが論じているように[64]どれも失敗している。一般的に、鳥で〝人工的な言語〟を学習させるためには、刺激→報酬という訓練を何千回も行なう必要がある。もちろんそこには、どんな概念‐意図インターフェイスへの割り当てもなく、ただ外在化という、言語の周辺機器があるだけだ。

この失敗――少なくとも一見したところでは――が繰り返されるパターンの例外の一つは、安部健太郎と渡邉大による研究だ[65]。彼らはジュウシマツの実際の歌を訓練のために変え、たった六〇分で試験言語に馴化させた。鳥に $A_2 A_1 CF_1 F_2$ あるいは $A_2 A_3 CF_3 F_2$ といった音のパターンを聞かせ、適格な〝入れ子〟構造の文と、形の乱れたものの区別をつけられるかを調べた。ここでAとFに付随している数字は、どこかが一致していることを示す。Cがパターンの真ん中の音になる。注意しなければならないのは、正しいパターンは有限遷移ネットワークではつくれないということだ――いくらでも長くすることが許されるなら、という但し書きはつく（パターンが短いと記憶できる）。そして鳥が適格なパターンと、$A_3A_2CF_2F_4$などの不適格なパターンを区別できるか調べる。安部と渡邉は、鳥は単純な線形の結合を超える、階層的パターンを認識したと主張した。

しかし彼らの実験材料の組み立て方は不適切だった。鳥は根本的な構造計算をまったく使わなくても五音節の音を記憶できた可能性が、同じくらいあることがわかった。それができれば、正しい音のパターンとそうでないものを区別するにはじゅうぶんだ（詳細については、Beckers, Bolhuis, and Berwick 2012 を参照）。この方法論上の問題は、実験材料をもっと注意深く組み立てれば修正できたかもしれないが、今のところ修正を施した不可欠な実験は行なわれていない。まとめると、鳴鳥がk可逆性有限状態計算で表現される範囲を超えた「外在化」の計算を行なっている明らかな証拠はなく、しかもその外在化は鳴鳥が行なう唯一の外在化であり重要なことは、外在化されているものは言語ではないということである。これが私たちの〝誰が犯人か《フーダニット》〟における〝誰が〟という問題の、部分的な答えとなる。鳴鳥は容疑者からはずれる。

他の人間以外の動物はどうだろうか。ずっと以前から候補と目されていたのは、現存するいちばん人間に近い霊長類だ。しかしおそらく驚かれるだろうが、それもまた鳥と同じ限界があることがわかっている。たとえばチンパンジーに人間の言語を〝教える〟試みでも、よく知られたものがいくつかある。中でもいちばん有名なのは、プロジェクト・ニムだろう。コロンビア大学の研究者たちが、ニムというチンパンジーにアメリカ手話（ASL）を教えようとした。しかしそれはうまくいかなかった。ニムにできたのは、ASLを（短い）線形のサイン（身ぶり）の連続として、機械的に丸覚えすることだけだった。ニムは明らかに階層的な埋め込み文をつくるところまで進歩しなかった。ふつうの人間の子どもなら、三歳か四歳でできることだ（これをどう判断するのか、少しみてみよう）。ニムがリンゴを欲しいときは、前にリンゴと関連していたサインすべてをチェックし、ニム・リンゴ、リンゴ・ニム、リンゴ・ナイフというように取り出してくる。ニムの世話係の一人、ローラ・アン・ペティトは、ニムが特になじみのある「語」の「食物リストをつくる」と言っている[66]。ニムは三歳児と同じレベルの統辞能力を獲得することはなかった。階層構造はまったく確認されなかった。

しかしニムが獲得した〝言語能力〟はさらに低かった。ペティトはさらに、ニムが実際に語を学習してはおらず、〝リンゴ〟という人間的な概念すら持っていないと述べている。ニムにとって〝リンゴ〟は、引き出しの中にある、リンゴを切るナイフと、リンゴの置いてある場所、最後にリンゴをくれた人などと関連する物体だった。

チンパンジーが私たちと同じように語を使うことはまったくない……関連するものに

ラベルを使うように、実験上の訓練を行なうことはできるが（赤いリンゴや緑のリンゴが目の前にあるとき、酒を示すサインを使うなど）、人の幼児はこれを特に訓練なしに、難なく学習する……チンパンジーのラベルの使い方は、人間と違って、包括的な連想の概念に頼っているように思える。チンパンジーはリ、、、ンゴというラベルを、リンゴを食べる行為、リンゴがあった場所、たまたまリンゴと一緒に置いてあった、リンゴ以外のもの（切るのに使うナイフなど）をめぐる事象や表現を示すのに使う。他にもいろいろあるが、それらすべてが同じ扱いで、その間にある大きな違いや、区別したほうが得をするという認識はまったくないようだ。人の幼児の場合、最初に発する言葉ですら、ある概念を狭めるように用いられる……そうなると意外だが、チンパンジーは本当に〝ものに名前〟をつけているわけではない。ただ連想でゆるく結びつけているだけで、それらを支配するチョムスキー型の内的制約やカテゴリー、それらを支配する規則があるわけではない。実際のところ、チンパンジーは人の〝リンゴ〟という言葉すらわかっていない[67]。

このことについて少し考えてみると、チンパンジーは純粋な〝連合学習者〟の最適な例に思える——チンパンジーは、特定の外的刺激とそれを示すサインを直接結びつけているようだ。彼らはリンゴを、第3章で論じたように、心に依存する形で見てはいないらしい。むしろ外の世界にある対象と、それを示すＡＳＬのサインの間にある、心から独立した結びつきのリストを保管している。これは人の言語能力からはほど遠い。チンパンジーは併合、そして人が持っている語に類似する原子的要素を持たない。もしそうなら、チンパンジーもやはりフーダニットの容疑者からはずれる。

しかしどうすれば確認できるだろうか。最近まで、それはあまりはっきりしていなかった。しかし幸運なことに、ニムがＡＳＬで人と交流している様子は見ることができる。これは全米科学財団のプロジェクトだったので、資料として記録することが助成の条件だったのだ。[68] 約二年前、ペンシルベニア大学のチャールズ・ヤンはデータを入手して、情報理論的尺度で分析し、ニムが二〜三歳児と同じ統辞能力を持っているのか、それともただ記憶した買い物リストをあたっているだけなのかという問題にけりをつけた。[69]

ではヤンのテストとはどのようなものだったのだろうか。考え方は単純だ。あなたが人間の子供だとしたら、the や a のような機能語を、apple や doggie のような内容語と組み合わせることができると、すぐに覚えてしまうだろう。そのため子供は the apple、a doggie、あるいは the doggie と言うことができる。これはつまりそれら二つのカテゴリーからそれぞれ別個に語を選んでいるということで、それができるのは、二語の名詞句とは、一つの機能語のあとに一つの内容語が続くという規則に、子どもが従っているからと考えられる。このような別個に単語を選ぶという状況では、子どもが知っているすべての語から二つの語を選ぶことが可能で、使用頻度が修正されるため、非常に多様な文をつくることができる。反対に二語文のパターンを丸暗記しているだけなら、二語のまとまりとして〝オウム返しに〟しているだけで、機能語と内容語を自由に選んでいるわけではない。そうなるとその二語は互いにもう一方がないと成り立たないため、新しい語の組み合わせはほとんどなくなるだろう。そして多様性は減ってしまう。これが子どもがある規則に従っているのか、単に記憶しているのかを調べるリトマス試験になる。もし文が多様なら、それは規則に従っている行動だ。もし多様でなければそれは丸暗記によるものだ。ここで実際に子どもが世話係に話しかけている様子を文字に書き起こしたもので二語の言葉を調べ、それをニムの二語のサインと比較する。規則に従っているのは誰で、単に記憶しているだけなのは誰か。

多様性の差を調べるために、ヤンは子どもとニムの両方について、予測される規則に従った二語の組み合わせの発話頻度と、実験で測定した頻度の値でグラフを描いた。子どもやニムが規則に従って言葉をつくっているのなら、実験での頻度は予測した頻度とほぼ同じなので、結果は原点から四五度の直線になるはずだ。これはまさに、二〜三歳の子ども、またそれより年長の子どもに当てはまった。成人の言語の標準的なコーパス（たとえばブラウン・コーパス）にもそれは当てはまる。子どもの場合、多様性の予測値との相関係数は〇・九九七で強い相関がある。対照的にニムの二語の出現頻度は、試験のグラフの四五度の線の下になり、規則に従った行動の頻度は、予測値よりも低い――つまりあまり多様でないということで、二つのサインの組み合わせを丸暗記していることを示唆している。

このことから言えるのは、ペティトは正しかったということだ。ニムはただ買い物リストを思い出していただけだ。少なくとも私たちにとって、これはチンパンジーの言語研究へのとどめだ。チンパンジーは使っているモダリティがどうあれ、人間と同じように言語を操っているわけではない。チンパンジーが他の分野において高い能力を持っているのは明らかだが、これでチンパンジーも私たちの〝フーダニット〟の容疑者からはずすことができる。

## いつどこで？

基本特性が本当に基本的なものなら、それはどこでといつ出現したのだろうか？　第三章で説明したように、心に依存する、語に類似した要素は（私たちを含め）誰にとっても、大きな謎のままだ。最近、言語の進化に関する本を出したビッカートンも、[70]やはりお手上げの状態だった。少なくともこれらの要素の一部が、併合という現象が現れる前に存在していたことは容易に推測できる。そうでなければ併合するものがないからだ。それでも確かめる方法はない。(第1章では、バーウィックが二〇一一年の論文で採用した折衷的な案を提示している。)またルウォンティンが述べているように、[71]併合自体が正確にはいつ現れたのかについても答えるのは難しい。調べられるのは言語の代用であった間接的なものだけで、考古学的な証拠も推測に基づくものばかりだ。ある教科書では、近代に生まれた行動を示すものとして次の〝五つのB〟をあげている。[72]ブレード(刃物)、ビーズ(数珠玉)、ベリアル(埋葬)、ボーンツールメイキング(骨で道具を作る)、ビューティ(化粧)。

言語の代用としての象徴行動の、明確な証拠に頼るならば、南アフリカのブロンボス洞窟で発見された工芸品――幾何学模様が刻まれたオーカー(赤鉄鉱)やビーズ――が、言語が出現したもっとも妥当な時代と場所を示していると言えるかもしれない。それは八万年前、まさにその場所だ。第1章で説明したように、ヒト属への形態上の変化と、それにともなう行動あるいは技術的な変化の間には、大きな〝断絶〟があるようだ。新しい技術や行動は、新たなヒト属の種が現れてから、長い静止の時期を経たあとに起こった。そのため〝いつ〟に関しては、この二つの時期の間と特定できる。現代人の体を持つ人間がアフリカ南部に出現したおよそ二〇万年前から、初めて現代人と同じ行動をする人間が現れた約八万年前の間だ。そして約六万年前に出アフリカが起こり、完全な現代人が旧世界へ、そしてオーストラリアへと広がった。(73) 言語機能に多様性がないことも、同じ結論を示している。他の人間との接触が六万年間なかったパプアニューギニアの部族の子どもが、生まれたときからボストンで育ったら、地元の他の子どもたちと何か違いがあると考える根拠があるだろうか。私たちが断定できることはない。第2章の注2にあるテオドシウス・ドブジャンスキーとエルンスト・マイヤーについてのステビンの話は、この実験の現代版であり、最近のゲノム研究でもほぼ同じことが言える。(74)

私たちが考えているのは、人間言語とその基本特性が出現したのは、早くて二〇万年前、遅くて六万年前の間だが、ブロンボス洞窟で発見された八万年前の象徴行動の証拠から、出アフリカのはるか以前であるということだ。もちろん他の証拠が見つかれば、これより前の時代にさかのぼり、二〇万年前という区切りに近くなる可能性はある。これはジーン・エイチソンの著書『ことばの始まりと進化の謎を解く』(今井邦彦訳、新曜社、一九九九)に収められた図5・4のグラフに近い。(75) 彼女は「二〇万年前から七万五〇〇〇年前のいつか、言語は複雑化への重大な段階に達した」と述べている。ただし彼女のグラフの始点は二五万年前と、もっと早い。

ネアンデルタール人はこの状況で、どのような位置を占めるのだろうか。第1章で述べたように、その問いへの答えはかなり議論の余地がある。関連する証拠がどれも不確定だからだ。私たちの祖先とネアンデルタール人が分岐したのは、だいたい四〇万～六〇万年前とされていて、それからまもなくネアンデルタール人がヨーロッパへ移住したのは間違いない。つまり私たちが知る限り、アフリカ南部での解剖学的現生人類の出現からブロンボス洞窟に到るまで、まわりにネアンデルタール人はいなかったことになる。スペインのエルシドロン洞窟のネアンデルタール人のFOXP2遺伝子に現代人と同じように、最近、派生した二つの変化があるかどうか調べる分析が行なわれている[76]。それらはエナードらが、人間の中で正の選択が働いていると論じている二つの変化だ[77]。(これらはFOXP2の損傷に関連する、発語失行症とは関係ない)エルシドロンで発見されたネアンデルタール人が生きていたのは約四万八〇〇〇年前とされている[78]。現代人がまだスペインに到達していないはずなので、現代人とネアンデルタール人が交配して、現代のFOXP2のDNAがネアンデルタール人に引き継がれた可能性は排除されると考えられる。少なくともこの見地からは、エナードらが説明している派生した人のFOXP2変異体は、ネアンデルタール人にも共通している。

しかしネアンデルタール人は人間の言語、特に基本特性と統辞法を持っていたのだろうか。それははっきりとはわからないが、八万年前にホモ・サピエンスがおくっていたような、シンボルを使った生活を、ネアンデルタール人がおくっていたという実際の証拠はない。古代のネアンデルタール人のDNAの証拠から推定すると、人間とネアンデルタール人に共通する、派生的な変異を生んだ選択的スウィープが起こったのは、現代人とネアンデルタール人の祖先がまだ分岐していなかった三〇万～四〇万年前より以前、この選択が起こった時期について、エナードら[79]が計算した時代よりはるか前だ。他にも一致しないことがある。第1章で、*FOXP2*の進化の経過には、少なくとも二回、時期的にかけ離れた事件があったと、ペーボが断言していたことを思い出してほしい。マリシクらは、ネアンデルタール人と人間の*FOXP2*の違いは機能的に重要な調節領域であると主張している[80]。それはエナードらが、選択が働いていると主張するDNAコード領域とは異なる。問題は従来のアプローチを使うと、さらに五万～一〇万年過去にさかのぼるだけで、選択の〝しるし〟があっというまに消失してしまうことだ。その結果、選択があったのかなかったのか、また選択が起きたと推測される時代についても、まだ議論に決着はついていない。チョウらは、集団の大きさの（未知の）変動を乗り越えるための新しいアプローチを提案し[81]、やはり正の選択があったとしているが、その方法は検証されていない（第1章の注118

も参照)。簡単に言ってしまうと、私たちの意見は、長年ブロード研究所で大昔のDNAを研究している、進化ゲノム研究家であり統計学者であるニック・パターソンと同じである(私信より)。いわく、ネアンデルタール人が私たちの祖先にたどりつく系統から分岐した重大な時期に、選択が働いたという明確な証拠はまだない。ノイズが多すぎるのだ。

さらに前述したとおり、人間とネアンデルタール人との間では、何らかの重大な発達に関わる神経系の遺伝子の違いもある。ソメル、リウ、カイトヴィックは、「人間の脳は基本的に、人間とネアンデルタール人が分岐してから現代人の出現までの短い期間に何度か起きた、何らかの重大な遺伝的事象によってつくり直されて発達したことを示す証拠が次々と見つかっている」と述べている。[82] これはある調節の変化のケースで、そのためネオテニーの傾向が高まり(成熟するまでの期間が長くなり)、人の頭蓋はネアンデルタール人とは違う方向へ発達して、形は球形に近く、幼児期がネアンデルタール人より長くなった。[83] この最後の点は興味深いことかもしれない。ネアンデルタール人の脳は平均すると現代人より大きいが、頭蓋容量の分布が違っているからだ。ネアンデルタール人には大きな〝オクシピタル・バン〟——後頭部のでっぱり——があるが、現代人にはない。現代人では頭蓋容量の増大が前に移動している。これは一部で、ネアンデルタール人と現代人の違いを示す例として提示され、ネアンデルタール人の脳は、視覚と道具の使用を担当する部位

（後頭部のでっぱり）が大きいとされている。(84)

言語の代用として考えられるものに目を向けると、事態はさらにあいまいになる。複雑な石の加工、火の管理、衣服、オーカー、これらが出現するには言語が必要だというのは根拠のない主張だ。私たちがこれらすべてを手にしているかもしれないが、そのうちのいくつかをネアンデルタール人が持っていたという理由だけで、ネアンデルタール人も同じ性質をすべて持っていたはずだということにはならない。象徴行動の証拠としてあげた〝B〟のうち三つ——埋葬、ビーズ、骨の道具——について考えてみよう。〝埋葬〟の証拠は、どのような読み方もできる。ネアンデルタール人の〝副葬品〟の特徴として納得できるものはない。より暗示的なのは、どの調査地（サファラヤ、エルシドロンその他）でも、ネアンデルタール人が互いを、ぞっとするような方法で食べていたということだ。しかもその行動に特別に重要な意味を持たせていたわけではなく、人の頭蓋骨で道具をつくることさえしていた。

石のペンダントを用いた象徴行動を示す証拠はシャテルペロン洞窟で発見されたと、一部では言われている。しかしネアンデルタール人の遺物（主に歯）と、アルシ・シュル・キュールのシャテルペロンの地層との関連については、考古学資料としての堆積物がまざりあっている可能性を示す証拠が出たことで、近年、疑問が投げかけられている。(85)それはつまり、シャテルペロン文化は、他の上部旧石器時代の文化と同じく、現代人の産物であり、ネアンデルタール人の遺物が同じ地層にあったとしても、シャテルペロンの道具や装飾品をネアンデルタール人がつくったということにはならない[86]。メラーズは、どちらとも言えないということをはっきり述べている。

しかしレンヌ洞窟の新しい年代測定結果から必然的に導かれる重要な意味は、ヨーロッパに存在していたネアンデルタール人の集団の間で、複雑な〝シンボル的〟行動があったことを示す、とりわけインパクトが強く、そのため広く言及されている重要な証拠の柱が、事実上、意味を失ったということだ。今後、他のネアンデルタール人の遺跡で、この種の高度で明らかに象徴行動を示すさらなる証拠があると、自信をもって主張できるかどうかはいまだ議論の余地がある……この文脈で問わなければいけない重大な問題の一つは、もし明らかに象徴行動がヨーロッパのネアンデルタール人の不可欠な性質であり文化的行動だったというのなら、ヨーロッパの二〇〇〇マイル以上の、まったく違う環境を横断し、二五万年の長きにわたり存在したというのに、そのことを示す実際の証拠（あるいはそう主張されている）が、なぜほとんど存在しないのかということだ[87]。

証拠をめぐっての激しい議論から、私たちはいまこの時点で、ネアンデルタール人は基本特性のようなもの、あるいは象徴言語に近いものさえ備えていたという極端な結論に移行する理由はないと考える。

現代の集団遺伝学のテクニックを使って、言語がいつ出現したかを、関連する遺伝子を調べ、特定することは可能だろうか。エナードらが*FOXP2*で〝選択的スウィープ〟を模して行なったのが、まさにそれだった[88]（第1章注104も参照）。考え方としては次のようになる。選択はDNAの多様性を減らして一様にする。それがふるいの役割だ。泥や砂利を取りのぞいて、金だけがあとに残るようにする。たまたま金にくっついて残った泥は、金に便乗して〝連動〟することがある。強い選択を受ける遺伝子に隣接する部位だ。そのため一回の選択が起こったあと、わりと画一的なDNA配列が選択の中心（金）にあり、選択を受けた領域の両脇に、多様性の少ない部位（ただ乗りで金についてきたもの）があると考えられる。時間を経て世代を重ねるうちに、選択を受けた領域を直接取り囲む、この変異の少ない画一的なかたまりは、通常の生殖による組み換えで、一定の速さで崩壊していく――一方の親からの染色体のDNAを切断して、もう一方の親からのDNAと貼り付ける減数分裂のプロセスだ。選択された部分そのものが分かれることは、少なくとも生存可能な状態では少ない。それは一つのかたまりとしてしか機能しないからだ（ここで分かれてしまった遺伝子配列があっても、次の数世代を乗り切れない）。その結果、前に選択された遺伝子領域の両脇についてきた画一的な部位は規則的に崩れていく。そのため崩壊のパターンが予想できるようになり、現在ではその変化を測定することができる。その測定値から逆算して、選択が起きたときからどのくらいの世代を経たかを計算し、組み換えによる崩壊の速さ、最初の選択の強さ、集団の変化などを推定する（人口の増加、減少、移動なども、集団内のＤＮＡの多様性を変化させることがあるからだ）。驚くことではないが、選択の強さ、組み換えのスピード、集団の変化については断定ができないので、これもすべて確率モデリングの実践である。

つまりそこにはノイズがあり、私たちができるのは統計学を用いて推定することにとどまる。それで選択が起こった時期と過去の世代数について、ある幅（区間）を持って推定し、その区間の信頼性を測定する。選択に関する数値の不確定性などを反映して、その幅はかなり広くなることが多い——エナードらは*ＦＯＸＰ２*の選択的スウィープについての九五％信頼区間としていちばん可能性が高いのは一二万年と推測している。

もっと近いところでは、フィッチ、アービブとドナルドがスウィープの計算を、言語の進化の仮説を検証するための一般的方法として提唱している[89]。彼らは言語の基盤となる遺伝子（*FOXP2*が最初で、その後に続く多くの遺伝子）に起こった選択的スウィープの時期をそれぞれ計算し、第1章で論じた方法で候補遺伝子のリストをつくることができると述べている。一つの例として、彼らはもし音声学習のための遺伝子が先に、そして〝心の理論〟のための遺伝子があとに〝選択的スウィープされた〟としたら、それらのスウィープが起きた年代の予測を使って、音声学習が先とする理論のほうが、〝心の理論〟のほうが先とする説よりも、選択的スウィープの事実に当てはまると判断できると指摘している。もちろん彼らが強調しているように、それぞれの推定されるモデルの基盤となる一連の候補遺伝子と、それぞれに選択的スウィープが起きた年代の予測があるのがいちばんいい。

少なくともいまのところは、いずれこのアプローチが大きな影響力を持つかもしれないと思うのは無理がありそうだが、もちろん断定はできない。一つには、強い選択的スウィープが起こることはまれと思われるが、それにはもっともな理由があり、クープとプシェヴォルスキーもそれについて述べている。(90) 選択的スウィープは適応のためのおもしろい出来事すべてで、いや大半でさえ起こるわけではない。それ以上に、選択は時間をさかのぼると簡単に見えなくなってしまい、移動、集団の混ざりあいや拡大、縮小などの人口動態的影響、生殖による組み換えによって生じるものとあいまって、DNAの多様性への影響はわかりづらくなる。チョウらの新しい手法はこうした障害のいくつか乗り越えるかもしれない。[91] ここでそれを明かすのは時期尚早だ。しかしそれで最も高い壁にぶつかる。彼らも認識していることだが、この手法は特定の表現型につながる遺伝的相互作用について、かなり理解が進んでいることを前提としている。

〝いつ〟と〝どこ〟について、いちばん正確と思われる推定をまとめると、南アフリカに初めて解剖学的現生人類が現れた約二〇万年前から、最後の出アフリカが起きる約六万年前までの間となるが、[92] 八万年前より以前の可能性が高い。そうなるとだいたい一三万年、つまりおよそ五〇〇〇〜六〇〇〇世代かけて進化上の変化が起こったということになる。これは一部の人々による「一世代で突然」という（誤った）推定とは違っている――しかしどちらも地質学的な時間の尺度ではない。これはじゅうぶんな時間であり、新しい進化発生生物学の成果を持ち出すまでもなく、ニルソンとペルガーによる、[93] 単細胞から脊椎動物の目まで完全に進化するのに必要とした時間の推定値の範囲にある。

## どのように？

私たちのミステリー物語で、最後に二つの疑問が残った。「どのように」そして「なぜ」だ。私たちはこの節で「どのように」に対する（推論の）答えを考え、「なぜ」に関しては締めくくりとして取り上げる。

〝どのように〟に関しては、基本特性が神経回路の中で実際どのように実装されているかわからないので、どうしても推測になる。事実〝何を〟を論じたとき強調したように、私たちはどのような種類の認知計算についても、実装手段と考えられるものを、あまりよく理解していない。言語知識あるいは〝文法〟が実際に脳の中でどのように実装されているかについては、さらに漠然としか理解していない。たとえ昆虫が迷わず目的地に到達するために何を計算しなくてはいけないか（コンパス方位と経路積分）という、私たちがほぼ完全に理解し、人間に対してはできない実験的、遺伝学的操作を行なえる非常にシンプルなケースであっても、その計算がどのように実行されるか詳しく知るのは不可能だと、認識しなくてはならない[94]。

これらの現実的な懸念は脇においてとりあえず推測してみよう。言語の神経生物学的な面についてはいくらか研究が進められていて、推測的な内容でも、いずれ実りある研究につながるかもしれない。ここではこのあと、フリーデリチとその同僚たちの、現代言語学の知見と脳を結び付ける研究[95]、そしてマイケル・スケイディ（個人的な話）の批判的な洞察について説明していく。フリーデリチらの研究をまとめ、同じ主張をしている最近のレビューに、ピンカーとヴァン・デル・レーリーの論文[96]がある。

しかし話を始める前に、〝どのように〟の問題に答えとしてよくあげられる、特定の説はここではとらないことについて、いくつか言っておきたい。併合がどのように現れたかについては、それは他の動物も持っていた、以前からある計算能力と同じものか、すでに存在していた計算能力に付随していたと考えれば、簡単に答えられる。第一の選択肢は、ボーンケッセル－シュレセウスキーやフランクをはじめ、言語はごくふつうの順次処理〝と同じようなもの〟と考える人たちが採用していたものだが、それはあまりありそうにないことを示している。第二の、他のものに付随して現れたという選択肢については、多くの説がある。併合は、ここで論じるもの以外、何にでも付随していたという人もいる。階層的な運動計画、ジェスチャー、音楽、グーグル以前の複雑なナビゲーションあるいはそのリハーサル、複雑な食物獲得法、思考のための構成的言語、人の計画性の質的違い、紐結び、そして——決して冗談ではない——ベークトポテト。（これは人間だけが、加熱したでんぷんをすぐに消化するのを助ける酵素をつくる遺伝子コピーを多く獲得し、火の使用が始まったあと、脳が大きくなる要因となったという理屈だ[97]）。私たちは納得していないが。

併合は次の要素を利用していることを思い出してみよう。（1）併合演算そのもの。基

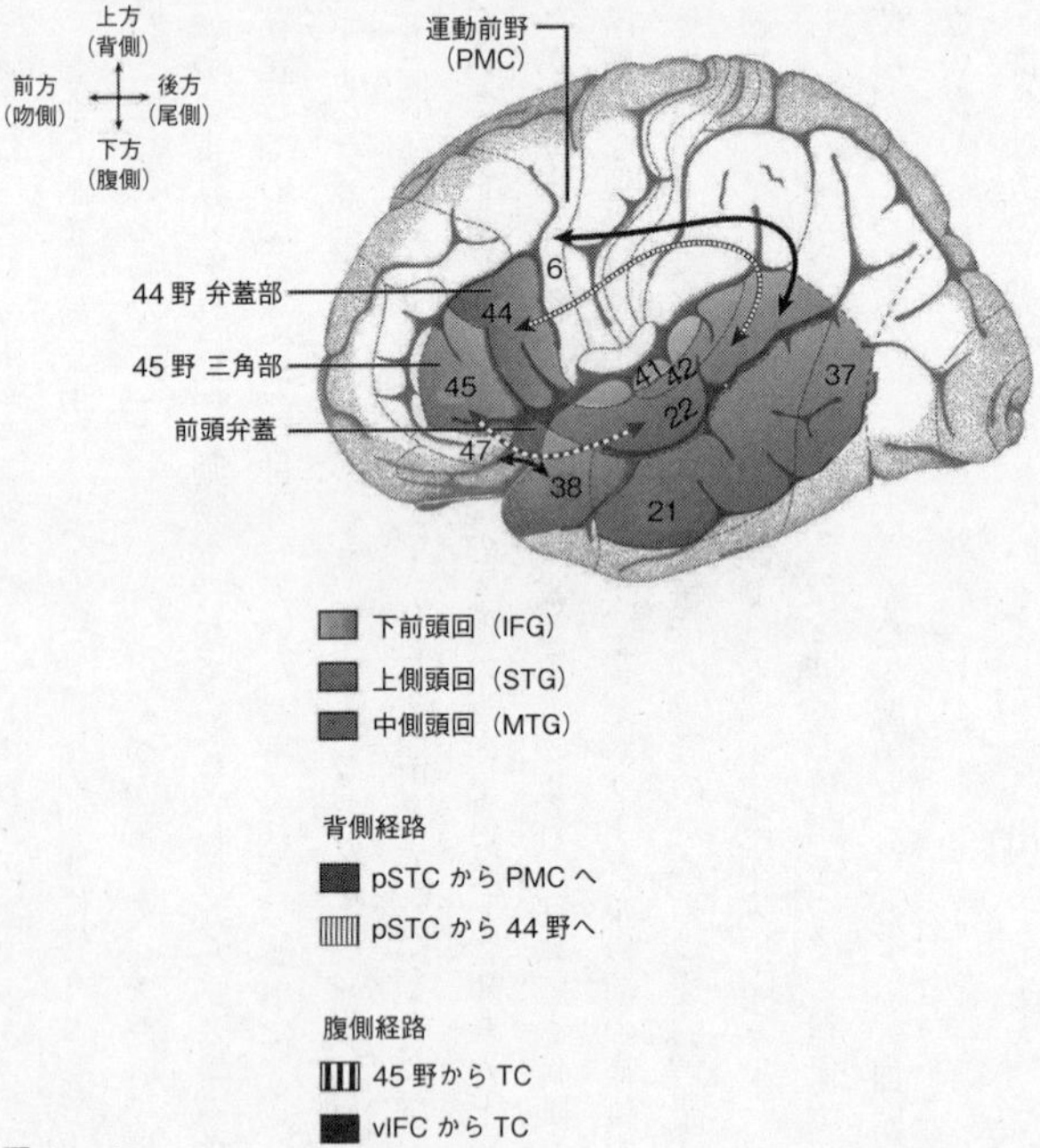


図4・4
言語に関連する領域と神経線維のつながり。図は脳の左半球。略語：PMC（運動前野）、STC（上側頭皮質）、p（後部）。数字は細胞構築学的に決められたブロードマン領野（BA）。背側経路は二つあり、一つはpSTCからPMCへ（太い縞の矢印）、もう一つはpSTCからBA44へと（細い縞の矢印）つながっている。BA45と腹側下前頭皮質（vIFC）を、側頭皮質（TC）とつないでいる二つの腹側経路も言語に関連すると言われている。Berwick et al. 2013, Evolution, Brain, and the nature of language より転載。*Trends in the cognitive Science* 17（2）: 89-98. Elsevier Ltd. より掲載許可。

本的な合成演算。（2）語に類する要素あるいは既に組み立てられている統辞表現。（3）この計算が行なわれるワークスペース。これらすべてが脳のどこで起こっているのだろうか。

昔からブロードマンの44野、45野と呼ばれる脳領域（ブローカ野、図4・4でBA44、BA45というラベルがついている背側の部分）が、統辞計算やブローカ失語という障害、他の機能的能力と結びつけられてきた。メタ分析では44野（弁蓋部）が、他の領域にはない統辞処理機能に関わると指摘されているが[98]、もちろんシステムは明らかにこれよりも詳細だ。二番目によく知られている言語関連領域はウェルニッケ野（図4・4で22、37というラベルが付いている腹側の部分）だ。一九世紀から、これらの言語に関わる領域は主要な線維束でつながっていることはわかっていた[99]。私たちは（推測的に）語に類する要素、少なくとも併合で使われているその素性が、〝辞書・語彙《レキシコン》〟として、中側頭皮質に保管されていると仮定する。ただ第1章で言及したように、記憶の中のものがどのように保管され、どのように取り出されるのかは明らかになっていない。

いまでは拡散テンソル画像によって、これらの領域をつないでいる他の繊維や、発達、そしてヒト以外の霊長類との比較についての付加的情報が多く得られるようになっている。そこから進化分析を可能にする状況が現れ始めていて、それはスケイディが示唆したように、この前に言及した併合についての見解と一致している。

図4・4は人間の成人の脳で、言語に関連する背側領域と腹側領域をつなぐ、長い線維束の位置を示している。ペラニらが指摘したように[100]、そこには二つの背側経路がある。「一つは中-後部上側頭皮質と運動前野をつなぐもの、もう一つは側頭皮質とブローカ野をつなぐものだ。[これら]二つは違った機能を担い、前者は聴覚-運動マッピングを、後者は文の統辞処理を支えている[と示唆されている]」。また〝辞書・語彙〟があるとされる脳領域と前背側領域をつなぐ腹側経路も二つある。考え方としては、この背部と腹部の線維束が一緒になって、完全な〝環〟をつくり、辞書・語彙から情報が背側の部位に送られ、そこで併合のためにそれらの情報が使われる。鍵となるのは、統辞処理の作業には、この線維束の〝環〟があるべきところになければならないということだ。

統辞処理にはこのようなものが必要であるという、脳の発達の面から示唆的な証拠がある。図4・5はこれらの線維束が時間を経て、新生児から成人になるまでに成熟していく様子を示している[101]。図の(A)は成人の、右脳と左脳の両方でのつながりで、(B)は新生児のつながりを示している。成人(A)では腹側と背側をつなぐ〝環〟が完成している。しかし新生児(B)ではつながりがない。まだ髄鞘(ミエリン)ができていないのだ。それらはブローカ野へのつながりだ。これを見ると生まれたときの脳は、統辞処理を行なえ

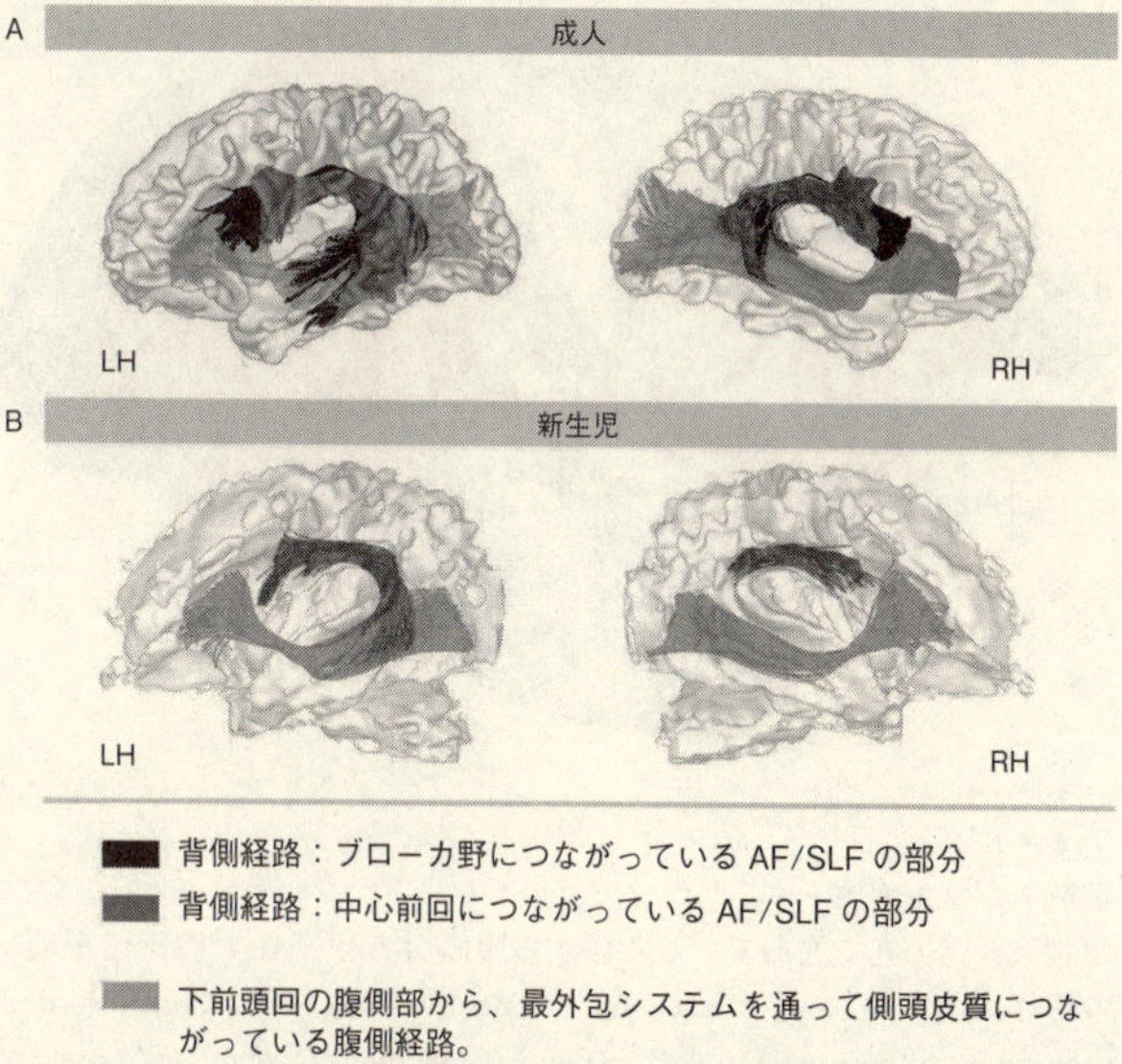


図4・5
拡散テンソル画像で決定した、成人と新生児の背側、腹側経路のつながり。AF／SLF＝弓状束と上縦束。パネル（A）：成人の左半球（LH）と右半球（RH）の線維束。パネル（B）：新生児の同等部位の線維束。ブローカ野につながる背側経路は、誕生時に髄鞘化されていない。方向性はブローカ野と中心前回／運動皮質の発生源（seeds）から推測。Perani et al. 2011より転載。Neural language networks at birth. *Proceedings of the National Academy of Sciences* 108（38）：16056-16061. PNASの許可を得て掲載。

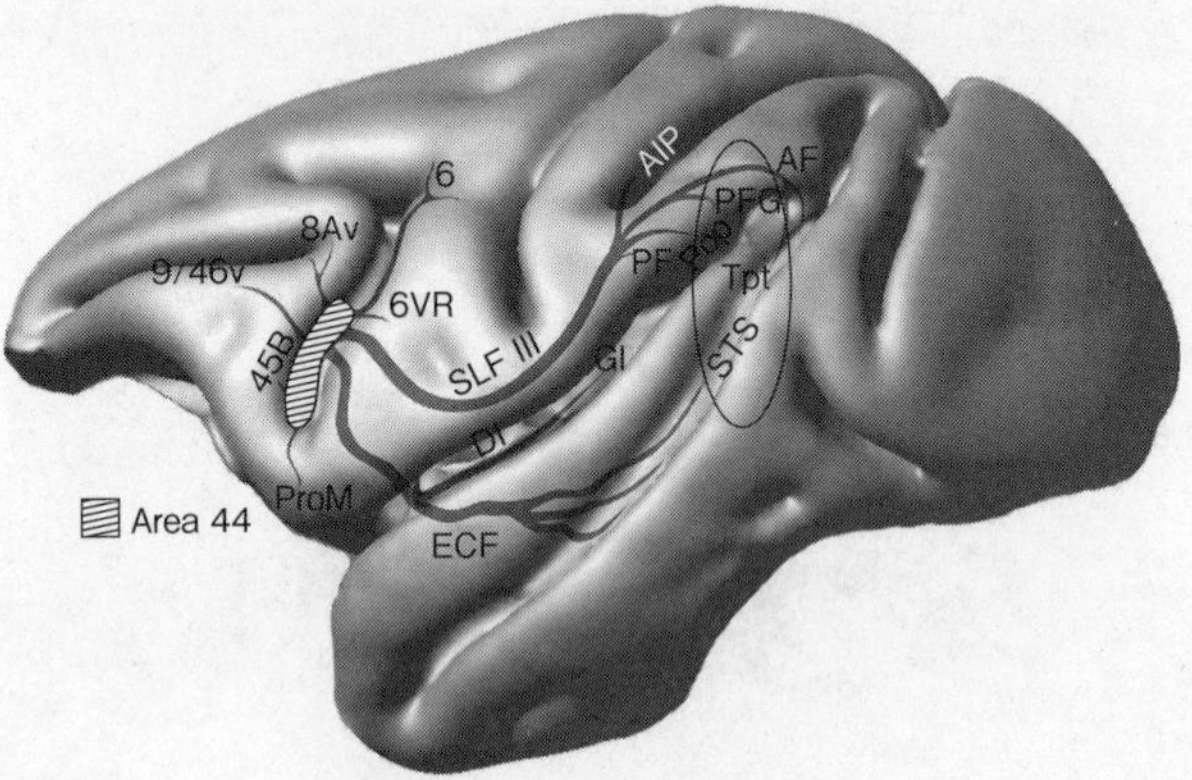


図4・6
拡散テンソル画像で決定したマカクのブロードマン44野、45B野を含む線維束経路。丸で囲んでいる背側から腹側へ向かうAFと腹側経路STSの切れ目に注目。Frey, Mackey, and Petrides 2014より転載。Cortico-cortical connections of areas 44 and 45B in the macaque monkey. *Brain and Language* 131: 36-55. Elsevier Ltd. の許可を得て掲載。

るようにきちんと〝配線〟されていないように見える。これらの線維束が成熟して機能するようになるのは、だいたい二歳か三歳で、言語の発達についてわかっていることと一致する。対照的に本書の最初に書いたように、聴覚処理を担う部位は生まれたときから機能していて、生後一年で赤ん坊は母語の音声システムを獲得する。

種間比較による証拠でも、基本的に同じことが言える。図4・6には旧世界ザルのマカクの脳の相当する線維束が示されている。特に背側から腹側上部への、AFとSTSとラベル付けされた間の部分がなく、環になっていないことに注目してほしい。二つの線維束は、もう少しで接触するというくらい近くまで来ている。しかしつながってはいない。これはチンパンジーでも同じだ。あくまで推測ではあるが、人間の成長についての証拠と、このことから考えると、基本特性が使えるようになるには語に類似する原子から併合のワークスペースへと完全につながった〝環〟が必要と思われる。

進化の面から重要なことは何だろうか。それはほぼ文字通り〝失われた環〟だ。断定はできないが、もし人の言語の統辞機能には完全につながった〝環〟が必要であるならば、〝脳の小さな配線の変化〟によって、併合を含めた完全に働く統辞システムが生じたと言ってもそれほど的外れではないだろう。ある線維の成長因子の小さなゲノム変異と、適切な線維束の誘導があればじゅうぶんで、そのための時間もきっとある。これはこのタイプの小さな神経の変化が、大きな表現型の違いに現れるという、ラムズとフィッシャーの説(102)にも適合する。それほどの進化も、長い時間も必要としない。

## なぜ?

残るは、ウォレスの心を動かした最後の謎だけになった。それは「なぜ?」だ。そもそもなぜ人間は言語を獲得したのだろうか。私たちは本書全体を通して、言語が発生する原動力となったのは〝コミュニケーション〟ではないと何度か強調してきた。他には、前述したように計画、進路の判断、〝心の理論〟などを主張する人もいる。私たちの見解では、これらすべては〝心の内的道具〟としての言語、すなわち概念‐意図インターフェイスの旗のもとにまとめることができる。これはいまだ重要な意味を持つ。第2章と3章では、このインターフェイスが機能上、優先されていることを示した。そして少なくとも始めのうちは、もし外在化がなければ、併合は内部でよりよい計画や推論などによって、選択的優位性を高める他の〝内的な〟性質と同じだっただろう。

少なくとも一部の実験的証拠では、言語がまさにその役割を果たしていることが示されている。(エリザベス・)スペルキとその同僚は、子どもと成人がどのように幾何学的情報とそうでない情報を統合しているか、またこれらが言語をどのように関係しているかを調べる、一連の実験を行なっている。(103)彼女らは次のようなパラダイムを用いた。成人の被験者にすべての壁が白い長方形の部屋の、一つの隅に置いた物体を見せる。その後、その物体を隠す。被験者の目を閉じさせてぐるぐる回し、方向をわからなくする。そして目を開けて物体がどこにあったか探してもらう。すべての被験者が壁の長さの違いを手がかりにして、物体があった場所をさがすことができたようだ。もし左側に長い壁があったと記憶していたら、二つの隅だけを調べればすむ。彼らは無意識のうちに壁の長さを手掛かりにしている。もしここで長さとは関係ない手がかりを増やし、たとえば一つの壁を青くしたら、それらの情報を組み合わせて、隠した物体がある隅にまっすぐ向かうことができる。

では被験者が子どもならどうだろうか。言語を獲得する以前の子どもだと、壁が青いという情報を統合して使うことはできないようだ。四歳か五歳で、ほぼ完全な言語能力を身につけると、すぐ見つけられるようになる。もし成人の被験者が物をさがしている間に〝シャドーイング〟という、聞こえてくる言葉を口頭で繰り返すという作業を課せられると、言語をまだ獲得していない子どもと同じレベルになる。この行動についての一つの説明は、純粋に記憶に負担をかけすぎるという以上に、言語は形と形以外の〝モジュール〟からの違う表現を結合する媒介語《リンガフランカ》であるということだ。〝心の内的道具〟がそうであるように、さまざまな視覚手がかりを統合し、それらについて推論する――動物が岩の上にいるか下にいるか――ことは、間違いなく選択的に有利と思われる。そのような性質が子孫に受け継がれ、ある小さな集団にいきわたるかもしれない。これが私たちの思い描いた進化のシナリオだ。その後はまさに、私たちの歴史である。現代人という、種としての私たちだけの歴史だ。

最後に、よく知られたダーウィンの言葉が言語の進化についてもあてはまりそうだ。

「最初はとてもシンプルなものから、ありとあらゆる形の、何より美しく、何よりすばらしいものが進化し、いまだ進化している」[104]

# 謝辞

変化、多様性、選択、遺伝がなければ進化は不可能だ。この本も同じである。変化を提案し、多様化を促し、有害な突然変異を取り除いてくれる人が数多くいてくれたのは幸運だった。しかし生物学における他のすべてのことと同じで、たとえ人為的な淘汰でも、進化はいまだ完全なものになっていない。不完全な部分については、遺伝子でも、助けてくれた人々でもなく、すべて私たちの責任だ。ここに書かれた文章を〝きわめて完全な器官〟にしたいなら、さらにいくつもの、わずかな、あるいは大きな変更を加え続けるしかない。それができるかどうかは、時間がたってはじめてわかることだ。私たちはここで何か価値あるものを、本当に言語の進化の謎を解き明かしてくれるかもしれない次世代の人々に手渡すことを望んでいる。

進化上の新しい変化は何より難しい。この本を書くきっかけとなったアイデアを与えてくれたマリリン・マッツに感謝する。また第3章、第4章が生まれた会議を支援してくれたオランダ王立芸術科学アカデミーと、中心となってそれを準備してくれた以下の人々に感謝する。ヨハン・ボルフイス、マーティン・エヴェラート、リニー・ハイブレヒト。第2章は、少し違ったバージョンが『バイオリングイスティック・インベスティゲーションズ』（オックスフォード大学出版のアンナ・マリア・ディ・シキュロとセドリック・ブックスによる編集）に初めて掲載された。

民（CEU）の集団で、この遺伝子に一塩基変異多型（SNP）が見られた。コス他はこれらのゲノム変異が、他は通常状態（つまり*FOXP2*の欠陥がない）の成人の言語処理に影響を与えるかどうか調べた［Kos et al. 2012］。結果は素性一致処理に多少の違いがあり、それは*CTNAP2*の SNP（一塩基変異多型、たとえばDNA の中の一つの〝文字〟）変異によって違う。一方で［Hoogman et al. 2014］は、非病理性の*FOXP2*変異があっても、表現型の言語の違いは見られないと指摘している。

（75）Aitchison 1996, 60

（76）Krause et al. 2007

（77）Enard et al. 2002

（78）Wood et al. 2013

（79）Enard et al. 2002

（80）Maricic et al. 2013

（81）Zhou et al. 2015

（82）Somel, Liu, and Khaitovich 2013, 119

（83）Gunz et al. 2010

（84）Pearce et al. 2013

（85）Higham et al. 2011

（86）Pinhasi et al. 2011; Bar-Yosef and Bordes 2010

（87）Mellars 2010, 20148

（88）Enard et al. 2002

（89）Fitch, Arbib, and Donald 2010

（90）Jobling et al. 2014, 204

（91）Zhou et al. 2015

（92）Pagani et al. 2015

（93）Nilsson and Pelger 1994

（94）Gallistel and King 2009

（95）Friederici 2009; Perani et al. 2011

（96）Pinker and van der Lely 2014

（97）Hardy et al. 2015

（98）Vigneau et al. 2006

（99）Dejerine 1895

（100）Perani et al. 2011, 16058

（101）ibid.

（102）Ramus and Fisher 2009

（103）Hermer-Vazquez, Katsnelson, and Spelke 1999

（104）Darwin 1859, 490

(56) Koulouris et al. 1998
(57) Fong 1991
(58) Graham, Harrison, and Ruzzo 1980
(59) Berwick et al. 2011, 2
(60) Markowitz et al. 2013
(61) 最近、キャンベルモンキー(オナガザル科)に、人間の言語に似た〝語形成〟プロセスがあり、〝語根〟が〝接辞〟で修飾されているという研究が発表された。これには賛否両論がある。いずれにせよ、必要な計算は一般的な有限状態遷移ネットワークよりはるかに単純で、人間言語と異なり階層的な表現が組み立てられることはない。人間の言語だと、有名なunlockableの例のように、少なくとも二つの違った階層構造が組み立てられ、unlock-able(鍵の開けられる)とunlock-able(鍵のかからない)、二つの違った意味が生じる可能性がある。この分析によるとこのプロセスに結合性はないが、有限状態遷移ネットワークはすべて、定義によれば、結合性のない言語しか生成しない。
(62) Berwick and Pilato 1987; Okanoya 2004
(63) Fitch 2010, 327–328
(64) Beckers, Bolhuis, and Berwick 2012
(65) Abe and Watanabe 2011
(66) Petitto, Laura Anne 2005, 85
(67) ibid., 85–87
(68) 残念ながら、ニムのような他の〝動物の言語〟(たとえばボノボのカンジ)の研究者たちは、自分たちのデータへのアクセスを完全には認めていない。そのためヤンは自分の手法を他の研究データに適用することができない。
(69) Yang 2013
(70) Bickerton 2014
(71) Lewontin 1998
(72) Jobling et al. 2014, 344
(73) 225人のエチオピア人とエジプト人のDNAアミノ酸配列の分析結果から、エチオピアとアラビア半島を通る南方ルートではなく、エジプトを通る北方ルートが取られ、時期はいまから約6万年前のことと示唆されている[Pagani et al. 2015]。
(74) 〝標準的な〟人間の集団にいくらかの言語変異があることが、ゲノム配列決定によって明らかにされている。第2章で述べたように、*FOXP2*転写因子は下流の標的遺伝子で、ニューレキシンタンパクをコードしている*CNTNAP2*を調節している。1000人ゲノム・プロジェクトにおいて中央ヨーロッパ由来のユタ住

実証している。）それで自然選択による進化にとって、スティードマンが可能だとしているこの問題を解決するだけの〝世界と時間〟があるかどうかという問いに対して、ひとことで答えるならノーだ。自然選択は数多くのすばらしいことを成し遂げている。しかしなんでもできるわけではない。そのような状態からはほど遠い。マイヤとレーンが念を押しているように［Mayr 1995; Lane 2015］、複雑な生命体が進化したのは一度だけだ。それは言語についても同じだ。［Rice 2004］と同じように、スティードマンの自然選択に関する楽観的な解釈は見当違いであり、進化について特に広まっている誤解の一つだと思われる。

（44）Marr 1982

（45）Feynman 1959

（46）私たちは近年数理言語学の世界で使われるようになったテンソル数学の計算を含む行列の乗算のタイプのアプローチの発達については考慮していない。［Humplik, Hill, and Nowa 2012］を参照。

（47）Kobele 2006

（48）Kallmeyer 2010

（49）Lasnik 2000

（50）Van Dyke and Johns 2012

（51）Rosenfeld 1982; Samet and Rosenfeld 1980

（52）この木構造の混乱についての明快な説明の一つは、マーカスの論文［Marcus 2009］に見られる。ここでマーカスは、著書『代数的精神（Algebraic Mind）』［Marcus 2001］に書いたように「心には言語学ではふつうにみられる統辞木のような〝任意の木〟の表現を神経系によって実現する方法がある」［Marcus 2009, 17］と述べたのは誤りだったと言っている。たしかに彼は間違っていた――しかしそれは言語学に木が存在することが、神経的に木を表現する必要を含意するからではない。どのような場合でも、言語学者の描く木構造が言語学理論に不可欠なわけではないので、そのような必要性はない。マーカスはまた、コンテント・アドレッサブル・メモリは生物学的に妥当な人間の神経系にあってしかるべきと思われる性質を示していて、そのようなコンテント・アドレッサブル・メモリは、階層的木構造を表現するには向かないと訴えようとしている。そのためこの議論の流れは二重の意味で間違っている。

（53）Schuler et al. 2010

（54）Stabler 1991

（55）ibid., 201

(たとえばMCFG) への間に、進化による推移があったと主張している [Steedman 2014]。これはおそらく〝弱生成能力〟との間にある自然の断層だが、それが併合とどう折り合うかわからない。文脈自由文法のプッシュダウンスタック、そしてMCFGに見られるような変数のために付加された線条の保管場所 (スタックスペース) があるとすると、ここから生じるのは〝弱文脈依存の言語〟だ。[Vijay-Shanker et al. 1987] を参照。スティードマンは、これは進化で徐々に起きる、スタックに近いアーキテクチャの「調整」だという主張を続けている。私たちはそれには納得できない。外的併合と内的併合の間に、そのような自然の断裂があるようには思えない。ただ併合しか存在しないのだ。そして文脈自由文法で処理できるもっとも単純なwh疑問文でさえ内的併合を援用する。スティードマンは自然選択による進化に大きな力を帰し、それが (言語) 獲得の問題を外で解決していると主張する。「学習は個々の有限機械の一定のリソースで行なわれなければならない。進化には事実上リソースに限度はなく、プロセスの数を制限するのは地上の物理的リソースだけであり、プロセスの時間を制限するのは後者の継続的存続だけだ。いまのところこれはあらゆる存続可能な変化について、できることすべてを行なってうまくいっている」[Steedman 2014, 3]。これは誤りで、自然選択による進化について誤解していることを明らかにしている。選択は一部の研究者が主張しそうな、ある種の賢者の石の働きをする、〝アルゴリズムの万能酢〟などではない。ゲノム的、形態生物学的な配列スペースは広大で、生物が開拓しているのはその膨大な可能性のほんの片隅にすぎない。マーティン・ノワックのような進化理論家はこの問題についてもっと深刻に考え、進化のアルゴリズム的パワーの強極限 (strong limit) を定め (Chatterjee et al. 2014)、自然選択によって問題の〝解決法〟を見つけるのは時間がかかりすぎる可能性を示している。たとえば一個の遺伝子の機能最適化のようなふつうの生物学的〝問題〟でさえ、全宇宙の存在期間よりもはるかに長い、計算できないほどの時間がかかることもある。(第1章注9を参照。チャタジーとノワックが、違う生物に備わっている類似と、わずかなゲノムの違いでは十分ではないことを大きすぎて（入力された文の長さの六乗以上）実用的な価値はあまりない。またこれらの結果に組み入れられる文法のサイズの多項式因子がある。そのためこれらの枠組みの統辞解析はすべて、人間がするのに比べて遅すぎ、かつ速すぎる。速すぎるというのは、こうした解析器は人間にはわかりづらい文（袋小路文や中央埋め込み文）を解析できるからだ。遅すぎるのは、人間はだいたい文を線形時間かそれより短い時間で解析できるためだ。これらすべてのことからいえるのは、それ自体で、人間の解析スピードについて説明できる言語理論は、いまのところ存在していないということだ。他に何か、言語理論そのものを超えた何かを足さなければならない。ここで注意しなければならないのは、LFGやHPSGなど、形式上これより計算がはるかに複雑な理論はいくつかあるということである。たとえば素性属性文法の単一化に基づくHPSGはテューリング完全（計算完備）なので、それで説明できるタイプの文法に、正式な限界はない。もう一度いうが、私たちは認知的見地から、これが本当に重要とは思っていない。研究者たちはだいたい、そのような枠組みの自分たちの理論に経験的に動機付けされた制約を課すからだ。最後に、ジャッケンドフの〝より単純な統辞法〟のような新たに提唱されている言語理論［Culicover and Jackendoff 2005］も、全体の単一化に訴えているため、同じくらい複雑で、もっと制限の多いTAGや極小主義者のシステムをはるかに超えているように見える。そのような説明は併合より強力な計算をいくつかの場所で冗長に提案している。これは統辞法だけでなく意味解釈もだ。なぜこのような重複しているように思える力が必要なのか、私たちにははっきりとはわからない。

(37) カール・ポラードが初めてこのような変数付きの文脈自由文法の拡大版を定式化し［Pollard 1984］、〝主文法（headgrammar）〟とした。これは厳密により強力だ。洞察に満ちた議論は［Vijay-Shanker, Weir, and Joshi 1987］を参照。

(38) Berwick 1982, 2015

(39) Stabler 2011, 2012

(40) Chomsky 1965

(41) Berwick 1982, 1985

(42) Gallistel and King 2009

(43) スティードマンは明確に、文脈自由文法から文脈自由文法に〝あと少し〟何かを加えたもの同じだ。そして状態ゼロからsの矢印をたどると状態2に到達する。状態2から、次に続くd、o、l、iはすべて2に戻っているのは、これらはすべて前方性非粗擦音の子音か母音だからだ。最後のʃは状態2を出る妥当な遷移がないので、機械は不首尾と判断し、dasdoliʃを妥当なナバホ語の語ではないとする。dasdolisならネットワークが受理することを確認できる。

(23) Heinz and Idsardi 2013, 115

(24) Heinz and Idsardi 2013.

(25) Heinz 2010

(26) Okanoya 2004

(27) Wexler and Culicover 1980

(28) Berwick 1982, 1985

(29) Kleene 1956

(30) Chomsky 1956

(31) この問題を解決する方法を考えるのに、二つの違った線形ネットワークを描いてみる。一つはdeepとblueをdeep-blueという一種のかばん語に押し込んでしまうこと、もう一つは新しいblue-skyという〝語〟をつくることだ。こうすると2つの意味を区別するという問題を「解く」ことができる。これをこの種のあらゆるケースで行なわなければならなくなるが、それはあまり望ましくない。階層構造を避けようとするこの種のスキームの他バリエーションは、階層構造の韻律効果や他の影響と対立する。

(32) Berwick and Epstein (1993

(33) Chomsky 1957

(34) Chomsky 1965

(35) Stabler 2011

(36) 具体的にこれらの理論はすべて、(何かのテューリングマシンに) 入力された文の長さに対する決定性多項式時間で実行される統辞解析器として実装できる。この計算クラスは (決定多項式時間の)〝P〟と呼ばれ、ふつう非決定性多項式時間 (クラスNP) で解ける計算とは区別される。テューリングマシンの決定性多項式時間で解ける問題は、一般的に計算が可能と考えられている一方、非決定性多項式時間やそれ以上の時間でしか解けないものは一般的に実行不可能と考えられている。自然言語に適用された計算複雑性理論の、古い標準的な参考文献としては、[Barton, Berwick, and Ristad 1987] を参照。コベルが述べているように [Kobele 2006] 効率的な統辞解析可能性を保証する妥当な言語理論はないというのが、現在の状況だ。しかしこの区別は認知的視点からはそれほど意味はない。関連する多項式因子は、だいたい節（たとえば ate the meat raw）などの例で通用する。一般的な（文脈自由）句構造の規則は突き詰めれば二つのプロセスにまとまる。ラベル付けあるいは投射である。そして階層構造の形成だ。ここには常にいくつかの条件がある。たとえば英語の規則 S → NP VP は完全に動機付けされていないままだ。こうした昔ながらの条件の分析と、経験的に動機付けされた「ラベル付けアルゴリズム」に代えることで、こうした条件を排除する方法については［Chomsky 2012］を参照。付随的な問題とラベル付けアプローチのさらなる改良については［Chomsky 2015］を参照。

（10） Berwick and Epstein 1993

（11） Bornkessel-Schlesewsky et al. 2015

（12） Frank et al. 2012

（13） ibid., 4528

（14） ibid., 4526

（15） ハワード・ラズニクは多層構造の中での〝カット〟の表示を、著作『統辞構造再考』の最初の章で解説的に説明している［Lasnik 2000］。これは変換生成文法の初期のバージョン［Chomsky 1955］で使われた集合を基盤とした表現であると、ラズニクは述べている。フランクらは、それと自分たちの定式との結びつきに気づいていなかったようだ。ラズニクはこの表現の定式化し、改良したバージョンを論文［Lasnik and Kupin 1977］で発表している。

（16） Frank et al. 2012

（17） Crain 2012

（18） 代名詞と可能な同一指示の間の〝束縛〟を決定するうえでの、階層的制約には、現代変換生成文法の長い歴史がある。本文に示されたバージョンはチョムスキーが『統率と束縛についての講義』［Chomsky 1981］で提示した〝古典的〟バージョンに基づく。ここではとりあげないが、他代替案やより最近の定式化がある例としては［Reinhart and Reuland 1993］を参照。

（19） Heinz and Idsardi 2013, 114

（20） Hansson 2001; Sapir and Hoijer 1967

（21） Heinz and Idsardi 2013, 114

（22） 有限状態遷移ネットワークが dasdoliʃ を、粗擦性の制約に反しているとして、適切なナバホ語として拒否されることを調べるために、まず数字の 0 がついている白い丸から始める。そこから子音 d はすぐにこの出発点 0 に戻ってくる。次のシンボル a についても

(57) Luria 1974
(58) Jacob 1982, 58
(59) 独立した再帰的な〝思考の言語〟で、統辞の再帰性を説明しようとするのは説明上の退行につながる。不要というだけでなくわかりにくい。これは言語の起源についての多くの説の問題点で、ある意味、併合と同じ合成の作業を前提としている。
(60) Gallistel 1990, 1–2
(61) Goodall 1986, 125
(62) Cudworth 1731, 267

第3章
(1) Whitney 1908, 3
(2) Lenneberg 1967
(3) ibid.
(4) Whitney 1893, 279
(5) Hurford, Studdert-Kennedy, and Knight 1998
(6) Hurford 1990, 736
(7) Pinker and Bloom 1990, 729
(8) Saussure 1916, 31
(9) Bloomfield 1926, 155
(10) Lewontin 1998
(11) Tomasello 2009
(12) Newmeyer 1998, 308
(13) Aitchison 1998, 22
(14) Musso et al. 2003
(15) Smith, Neil and Tsimpli 1995
(16) Ramus and Fisher 2009
(17) Lewontin 1998

第4章
(1) Wallace 1869, 392
(2) Darwin 1859, 6
(3) Wallace 1869, 394
(4) Marchant 1916, 240
(5) 人間特有の概念と併合で使う〝計算の原子〟の起源は、私たちにとって——そしてビッカートンら現代の研究者にとっても［Bickerton 2014］謎のままだということも、もう一度、強調しておくべきだろう。この問題の一部である、自然選択による進化の分析的モデルの文脈内での〝アイコン〟から〝シンボル〟への進化について解決するための一つの試みは、［Brandon and Hornstein 1986］を参照。
(6) Pagani 2015
(7) Ramus and Fisher 2009
(8) Yang 2013
(9) もっと具体的に言うと、併合は主辞–XP構造の主辞を選ぶが、XP–YP構造の場合は何も選ばない。つまり併合される項目のどちらもVPやNPといった句であるならそうなるということだ。後者の状況は内的併合のすべてのケースで成り立つほか、議論の余地はあっても、主語－述語、構造、小

(30) Tattersall 1998, 59
(31) Striedter 2004, 10
(32) Tattersall 2006, 72
(33) Tattersall 1998, 2002, 2006
(34) Colosimo et al. 2005; Orr 2005a
(35) Gehring 2005
(36) Jacob 1982, 290
(37) Jacob 1977, 26
(38) Chomsky 1980, 67
(39) Yang 2002
(40) Sauerland and Gärtner 2007
(41) Hinzen 2006
(42) Lewontin 1998
(43) Fisher et al. 1998; Enard et al. 2002
(44) Krause et al. 2007
(45) Vargha-Khadem et al. 2005; Groszer et al. 2008
(46) Groszer et al. 2008, 359
(47) Schreiweis et al. 2014
(48) Coen 2006; 私信
(49) Stevens 1972, 1989
(50) Comins and Gentner 2015
(51) Lewontin 1998
(52) もし他の可能性があれば、この議論はまだ続く。すなわちもし*FOXP2*が、さえずり／言語を外在化したあと再び内在化する（自分に向かって歌ったり話したりする）しなければいけない部分で、音声学習のための入力-出力システムの一部をつくっているという仮説だ。それは内的システムからものを入出力し、順番に並べるための方法であり続けると考えられ、コンピュータからデータをプリントアウトする手段が必要だという意味で、重要な要素であることは間違いない。
(53) これは何を映すかに注意を払わず、液晶テレビと古いブラウン管テレビで異なっている動画を映す方法にだけ目を向けるのに似ている。古いテレビは電子ビームを、光ったり光らなかったりする化学的なドットに吹き付けて〝塗っていた〟。液晶ディスプレイの仕組みはまったく違う。大まかに言うと、液晶のドットの列が光を通したり通さなかったりする。それは電荷によって変わるが、一つのビームを吹き付けるということはない。同じ平面画像をまったく違う方法で生み出しているのだ。同じように、外在化された線形のタイミングのスロットが、声道への運動指令で送られているのか、指を動かすことで送られているのかは、もっと重要な〝内的〟表示にとっては問題ではない。
(54) Ramus and Fisher 2009, 865
(55) Számado and Szathmáry 2006
(56) ibid., 679

して知覚する声調言語、そして脳の大きさと発達について、遠くない昔に正の選択を受けたと思われる二つの遺伝子配列に関してつながりが推定されると主張している［Dediu and Ladd　2007］。この研究には多くの難点がある。1000人ゲノム・プロジェクトのもっと詳しい遺伝子分析では、正の選択は確認されておらず、声調言語とゲノム特性とのつながり——因果関係は言うまでもなく——は証明されていない。ゲノム－声調の変異の多くは、地理的な要因で説明されるからだ。*FOXP2*の変異についての研究〔Hoogman et al. 2014〕も、病気は別として、このゲノム領域の変異が一般集団に与える目に見える影響はないという見解を支持している。

（3）Musso et al. 2003

（4）Niyogi and Berwick 2009

（5）Wallace 1871, 334

（6）Priestley 1775, xx

（7）Joos 1957, 96

（8）Trubetzkoy 1969

（9）Stent 1984, 570

（10）Darwin 1859, 490

（11）Carroll 2005

（12）Monod 1970

（13）Darwin 1859, 7

（14）Thompson [1917] 1942

（15）Wardlaw 1953, 43

（16）Poelwijk et al. 2007, 113

（17）Lynch 2007, 67

（18）Müller 2007, 947

（19）アハウスとバーウィックが述べているように［Ahouse and Berwick 1998］、四足の脊椎動物の手足の指の数は、もともと５ではなかったし、両生類の前後の肢の指はおそらく最多で４（一般的には３）である。重複するものがあるにせよ、指の型が最高で５つしかない理由は、分子発達遺伝学によってうまく説明できる。

（20）Sherman 2007, 1873

（21）ibid., 1875

（22）Maynard Smith et al. 1985, 266

（23）Darwin 1868

（24）Darwin 1859, 12

（25）Hauser 1997

（26）Lewontin 2001, 79

（27）Burling 1993, 25

（28）手話の獲得に関するローラ・ペティトの研究［Petitto 1987］は、バーリングの主張をかなり明快に証明している。指さしと代名詞は同じジェスチャーで示されるが、後者の意味でのジェスチャーは、I と You を逆にしがちな年代の子供にとってはわかりにくい。

（29）Jerison 1973, 55

集団が現れるというものだ。これが本当なら、その効果はある集団が大人になっても牛乳のラクトースを消化できる特別な能力を持つケースに似ている（ヨーロッパ人はラクターゼ持続症遺伝子（*LCT*）を持っているが、アジア人にはない）。ブロズナハナンがあげた証拠は、他の面では歴史的に無関係（たとえばバスク語とフィン＝ウゴル語のように）だが、特定の音声（たとえばth）を一般集団に比較して優先的に使用するなど、ユニークな言語の地理的分布の関連を調べた研究に基づいてる。しかしレネバーグが述べているように、証拠はとても弱いうえ、この〝優先的な選択〟もはっきりしたものとは言えない。これに関しては、進化生物学者のステビンがドブジャンスキーについて語ってくれたおもしろいエピソードが、いちばん正確な見方だろう。「ドブジャンスキー一家と親しいことから、私は人間の遺伝と文化について学んだ。当時、イギリスの植物細胞遺伝学者のC・D・ダーリントンは、論文や著書で、ある言語の単語、特に英語の二重音字thを発音する能力は遺伝すると主張していた。実際、彼は血液型Aの表現型と英語のthを発音できる能力は、遺伝的なつながりがあることを前提としていた。彼がドブジャンスキーらから反論を聞いたとき、彼とイギリス人の友人たちは、こんなドブジャンスキーとエルンスト・マイヤーの会話をでっちあげて広めた。「エルンスト、ユーノウ・ダット・ダーリントンズ・アイデア・イズ・シリー。ホワイ！　エニワン・キャン・プロナウンス・ダ・th」「イエス、ダッツ・ライト」。これはもちろん、ドビーとエルンストについては正しい。彼らは大人になってから英語を習得した。しかし私がドブジャンスキーのアパートへ行ったとき、13歳だった娘のソフィーが両親と話しているのが聞こえた。両親とも〝th〟や英語の他の音を、ダーリントンがからかったのと同じように発音していた。ソフィーはそれを幼いころから聞いていたはずだが、彼女の英語は典型的なニューヨーク訛りで、生粋のニューヨーカーである私とほとんど変わらなかった」［Stebbins 1995, 12］遺伝子の変異と異なった言語タイプを関連付けようとする最近の研究のいくつかを見ても、そのような変異はないという説が正しいように思える。たとえばディデューとラッドは、声調を区別

(111) Ohno 1970
(112) Tattersall 2010
(113) Gallistel and King 2009
(114) Pulvermüller 2002
(115) Minsky 1967, 66
(116) Szathmáry 1996, 764
(117) Jobling et al. 2014, 204
(118) チョウらが近年、大昔のDNAの全ゲノム分析と〝合祖〟シミュレーションを用いて、選択的スウィープを探知する新しい方法を開発した[Zhou et al. 2015]。1000人ゲノム・プロジェクトのアフリカ、ヨーロッパ、アジアからの、第1フェーズのデータも合わせて、人口動態の変化による干渉というよくある問題を避けられると、彼らは考えた。また正の選択、純化(負の)選択、平衡選択の違いを区別するとともに、選択の強さも推定できると主張している。チョウらは、アフリカから出る以前の人間で正の選択を経たと思われる、脳に関わる5つの遺伝子のシグナルを見つけた。おもしろいことに、これらすべてアルツハイマー病に関わっているらしい。1000人ゲノム・プロジェクトの第1フェーズの、アフリカ(ヨルバ族-YRI)での調査データでは、*FOXP2*の正の選択の徴候は見つかっていないが、中央ヨーロッパ由来のユタ州在住者(CEU)のデータから、1000世代ほど前(約1万2000〜2万5000年前)に、*FOXP2*の正の選択があった徴候が見つかった。この年代は以前の研究とあまり一致せず、人間集団のような複雑な進化の歴史を持つものの過去を推定する難しさが、ここでも示された。この新たな手法が本当に人口動態を推定する上での困難を回避できるかはまだわからないし、他の問題もある。現在、アルツハイマー病について調べることも難しい。20万年前に生きていた〝患者〟がアルツハイマー病だったのか調べるのが、どれほど困難かを考えてみてほしい。
(119) Jobling et al. 2014, 204.

## 第2章

(1) Lenneberg 1967, 261
(2) レネバーグ[Lenneberg 1967, 254]は、ダーリントン[Darlington 1947]が始めてブロズナハン[Brosnahan 1961]による議論を、あっというまに片付けている。その議論とは、遺伝的に出しやすい音声があり、それが人の声道のはっきりした構造的な違いを通して表に出て、最小労力の原理によって伝えられ、その結果、一般集団とは違う言語獲得能力を持つ人間

(78) McMahon and McMahon 2012
(79) Orr 2005a, 120
(80) Kimura 1983
(81) Orr 1988
(82) Orr 2005a, 122
(83) Tuttersall 2008, 108
(84) ibid., 103
(85) Harmand et al. 2015
(86) Tuttersall 2008, 104
(87) Pääbo 2014b, 216
(88) Henshilwood et al. 2002
(89) Pääbo 2014b
(90) ibid., 3757-3758
(91) Pfenning et al. 2014
(92) Schreiweis et al. 2014, 14253
(93) ibid., 14257
(94) Pfenning et al. 2014
(95) ibid., 2156846-10
(96) King and Wilson 1975
(97) Somel, Liu, and Khaitovich 2011
(98) Boyd et al. 2015
(99) Pfenning et al. 2014
(100) Jobling et al. 2014
(101) Tishkoff et al. 2007
(102) Somel, Liu, and Khaitovich 2013
(103) Pääbo 2014a, supplementary table 1
(104) これら二つの人間／ネアンデルタール人での変化が本当に、機能上、重要であれば、それらは生殖での組み換えで〝くっついて〟いると考えるのがふつうだが、そうでないことをプタックらが発見した［Ptak et al. 2009］。さらにこれら二つのネアンデルタール人と人間に特有の*FOXP2*が発生した時期を〝並べようと〟すると、時期が一致しない。結局、*FOXP2*の進化の状況、性質、タイミングについては、まだ議論が終わっていない。最近のいくつかの研究によると［Maricic et al. 2013］人間とネアンデルタール人の*FOXP2*の遺伝子変異は重要な調節領域が違っていて、遠くない過去に人間が選択的スウィープを経験したと見られている。この説明によれば、人間とネアンデルタール人に共通の祖先で、以前選択的スウィープに関わっていると考えられていた二個のアミノ酸の部位は関わっていなかった。むしろ違う部位が関わっていた（ただしそれは人間についてのみ）。
(105) Pääbo 2014a
(106) Boyd et al. 2015
(107) Prabhakar et al. 2006; Lindblad-Toh et al. 2011
(108) Somel, Liu, and Khaitovich 2013, 119
(109) ibid.
(110) Jobling et al. 2014, 274

DNAの連鎖長が長くなると、適応に必要な時間は指数関数的に増えることがわかった。バクテリアの遺伝子の平均的な長さは1000ヌクレオチドだ。これを〝扱いやすい〟長さの時間——配列の長さに対して多項式で表される時間（多項式時間）——にするために、彼らは初期のゲノム配列は〝再生〟させられるという制約を課されることを示した。これは検索の始点に簡単に戻れるということだ。この結果は、ゲノム配列が複製されたら適応の目指すところからそれほど遠くないという意味で、始点はターゲットとする配列に〝近く〟なければならないと、自然生物学的に解釈できる。これはスティードマンのような研究者の、受けのよい考え方に反している。彼は「進化には限りないリソースがあり、いくつものプロセスは地球の物理的リソースによってのみ制約され、処理時間は後者の継続的な存在によってのみ制約される。これはいまのところ、考えられるすべての変異に、考えられるすべての変異を試すことで働いている」［Steedman 2014, 3］と言っているが、これは間違いだ。実のところ進化は、マーティン・ノワクの研究が示しているように、ゲノムと形態生物学的変異の〝配列スペース〟のうち、ごく小さな部位だけで進められている。それは以前、解決した問題に何度も戻っている。ノワクによると、それが起こる原因の一つと考えられるのはゲノム重複だ。ゲノム重複の価値はずっと以前から、最初はよい進化的解法の始点を再生する一つの方法として認識されていた。これは新しい生物学的機能を獲得するための優れた方法の一つだ。重複したDNAは、同等な代わりが存在するので、選択の制約を受けず、新たなターゲットとなる機能を〝ハント〟するのに自由に変わることができる。［Ohno 1972］も参照。

（68）Warneken and Rosati 2015

（69）Goldschmidt 1940

（70）Lane 2015

（71）Fisher 1930, 40-41

（72）Orr 1998, 936

（73）ibid.

（74）Turner 1985; Orr and Coyne 1992

（75）Orr and Coyne 1992を参照。また以下も参照。Dobzhansky 1937; Huxley 1963; Mayr 1963; Muller 1940; Wright 1948

（76）Fitch 2010, 47

（77）Tallerman 2014, 195

(41) Humplik, Hill, and Nowak 2014; McNamara 2013
(42) Gehring 2011
(43) Orr 2005a, 119
(44) Kimura 1983; Orr 1998, 2005a; Grant and Grant 2014; Thompson 2013
(45) Turner 1984; Gould and Rose 2007
(46) Thompson 2013, 65
(47) ibid.
(48) Bersaglieri et al. 2004
(49) Huerta-Sánchez et al. 2014
(50) Vernot and Akey 2014
(51) Margulis 1970
(52) Maynard Smith and Szathmáry 1995
(53) Lane 2015, 3112
(54) Ibid., 3113
(55) Mayr 1995
(56) Chatterjee et al. 2014
(57) Grant and Grant 2014
(58) Lyell 1830–1833
(59) Darwin 1859, 189
(60) Huxley 1859
(61) Darwin 1859, 187
(62) ibid.
(63) Gehring 2011
(64) Monod 1970
(65) Gehring 2011, 1058
(66) すでに述べたように、複製された色素細胞の出現以降、重大な進化上の出来事がないと言っているわけではない。私たちはオプシン分子の進化のすばらしくきわめて豊かな歴史については、あまり触れていないが、比較ゲノミクスのデータで細かいことまで明らかになっている。その中には色覚オプシンの獲得や喪失、その微細なオプシンの変化がさまざまな種の中で働きをどう変えるかなどを含む。同様に、〝カメラのボディとレンズ〟の進化による変化と、それがどのようにもたらされたかは、それ自体が重要なトピックだが、私たちが扱う主題にはあまり関わりがない。脊椎動物の目が二個の細胞の組織から進化するのに必要な時間の〝悲観的〟推定を引き合いに出そうと思う読者もいるかもしれない。[Nilsson and Pelger 1994]
(67) [Chatterjee et al. 2014] は、新しい生物学的機能をコード化したゲノム配列を獲得するのに必要な時間を推定する別の方法を提示している。彼らは、検索するゲノム配列が膨大なうえ、地球上に生物が出現しておよそ$10^9$年が経過していることを考えれば、一般的に適応にかかる時間はあまりにも長すぎることを示した。適応を経験するゲノム配列、つまり問題の

[Jürgens 2002]
(25) Comins and Gentner 2015; Engesser et al. 2015
(26) Coen 2006
(27) Takahashi et al. 2015
(28) Berwick et al. 2011
(29) Ding et al. 2016
(30) Darwin 1887, 140
(31) Rice 2004, 76
(32) Chatterjee et al. 2014
(33) Steffanson et al. 2015。特に、この変化は第17番染色体の長い腕にある900キロベースの長さのDNAの逆位だった。(その女性たちが持つ2本目の17番染色体はふつうなので、その女性たちはこの逆位についてはヘテロ接合である。) これはつまり、通常の方向に並んでいるのではなく、この部分が〝ひっくりかえって〟いる。通常の第17番染色体コピーを持つ、つまりホモ接合の女性では、子どもの数が増えていない。
(34) 〝適応度〟を定義するのは容易ではないし、ダーウィン主義の適応度を〝増殖率〟と同じと考えるのは、かなり無理があるため、引用符付きで表記している。詳しくは [Ariew and Lewontin 2004] を参照。アイスランドの研究を行なった研究者たちは、母親がだれであれ、すべての子どもたちが成年に達して子どもを持つ同等の可能性があると仮定している。
(35) たとえば、〝適応度の高い〟遺伝子を持つ人は、平均が1 + s/2のポワソン分布を持つと仮定する。s は本文中で言及した適応優位性で、子どもの数は0、1、……∞となる。そのとき子孫の数が i になる確率は

$$e^{-\mu}\mu^{i}/i!$$

ここで e はオイラー数、自然対数の底である。もし適応優位性が0.2とすれば、ポワソン平均は1 + 0.1となる。このより適応度が高い遺伝子が任意の世代で子孫を持たない確率は、$e^{-1.1}1/1$、およそ0.33287と1/3未満である。選択的優位性がまったくない、完全に〝ニュートラル〟な遺伝子の確率は、この1/e、0.36787を大きく上回ることはない [Gillespie 2004, 91–94]。総合説の創始者の一人であるホールデンは、このような〝誕生 - 死亡〟の計算を考えた最初の一人だ [Haldane 1927]。
(36) Gillespie 2004, 92
(37) ibid., 95
(38) Maynard-Smith 1982
(39) Fitch 2010, 54
(40) Nowak 2006

# 注

## 第1章

(1) Mampe et al. 2009

(2) [Chomsky 2010] を参照。これは言語と心の進化に関するウォレスのジレンマについて初めて疑問を呈した著作。〝ダーウィンの問題〟については [Hornstein 2009] を参照。[Wallace 1869] は一般的に、この難問について初めて公に説明し、言語と脳の起源を、従来の生物学的ダーウィン主義の範囲外で考えるという解決法を提示したものとみなされている（ただし彼はこの問題について、ダーウィン主義を超えた解決法を思い描いていた）。この流れは [Bickerton 2014] で取り上げられている。その本の第1章のタイトルは「ウォレスの問題」である。

(3) Darwin 1859, 194

(4) Darwin 1871

(5) Darwin 1871, 57

(6) アップデートされたバージョンについては [Berwick 2011] を参照。

(7) Fitch 2010

(8) Jerison 1973, 55

(9) Lenneberg 1967, viii

(10) Lenneberg 1964

(11) Lenneberg 1967, 265

(12) Lenneberg 1967, 266

(13) Chomsky 1957

(14) Harnad et al. 1976

(15) UG（普遍文法）を〝言語普遍性〟と混同しないこと。言語普遍性とは、言語の全般的な性質で、たとえば世界のどの言語でも、主語、動詞、目的語が一定の順序で並ぶという、グリーンバーグが発見した普遍性。言語普遍性は人間言語についてきわめて価値のあるデータを提供する可能性がある。しかし表面的な現象を一般化するときによくあることだが、そこには例外がある。例外自体は科学一般と同じように、研究の手引きとして役に立つことがある。

(16) Chomsky 1976, 50

(17) Chomsky 1976, 56

(18) Mark Baker 2002

(19) Bornkessel-Schlesewski et al. 2015

(20) ibid., 146

(21) ibid., 143

(22) ibid., 148

(23) Pfenning et al. 2014

(24) この神経生物学的な違いが、音声学習する動物としない動物の違いに現われるという考えは、一般にカイパース－ユルゲンスの仮説と呼ばれる。[Kuypers 1958]

2006. Darwinian evolution can follow only very few mutational paths to fitter proteins. *Science* 7 (312): 111–114.

Wexler, Kenneth, and Peter W. Culicover. 1980. *Formal Principles of Language Acquisition*. Cambridge, MA : MIT Press.

Whitney, William Dwight. 1893. *Oriental and Linguistic Studies*. vol. 1. New York : Scribner.

Whitney, William Dwight. 1908. *The Life and Growth of Language: An Outline of Linguistic Science*. New York: Appleton.

Wood, Rachel, Thomas F. G. Higham, Trinidad De Torres, Nadine Tisnérat-Laborde, Hector Valladas, Jose E. Ortiz, Carles Lalueza-Fox, 2013. A new date for the Neanderthals from El Sidrón cave (Asturias, northern Spain). *Archaeometry* 55 (1): 148–158.

Woods, William A. 1970. Transition network grammars for natural language analysis. *Communications of the ACM* 13 (10): 591–606.

Wray, Gregory. 2007. The evolutionary significance of *cis* -regulatory mutations. *Nature Reviews Genetics* 8: 206–216.

Wright, Sewall. 1948. *Evolution, organic*. 14th ed. vol. 8., 914–929. Encyclopaedia Britannica.

Yang, Charles. 2002. *Knowledge and Learning in Natural Language*. New York : Oxford University Press.

Yang, Charles. 2013. Ontogeny and phylogeny of language. *Proceedings of the National Academy of Sciences of the United States of America* 110 (16): 6324–6327.

Younger, Daniel H. 1967. Recognition and parsing of context-free languages in time $n^3$. *Information and Control* 10 (2): 189–208.

Zhou, Hang, Sile Hu, Rostislav Matveev, Qianhui Yu, Jing Li, Philipp Khaitovich, Li Jin, (2015). A chronological atlas of natural selection in the human genome during the past half-million years. bioRxiv preprint June 19, 2015, doi: http://dx.doi.org/10.1101/018929.

Turing, Alan, and Claude W. Wardlaw. [1953] 1992. A diffusion reaction theory of morphogenesis. In *The Collected Works of Alan Turing: Morphogenesis*. Amsterdam : North-Holland.

Turner, John. 1984. Why we need evolution by jerks. *New Scientist* 101 : 34–35.

Turner, John. 1985. Fisher's evolutionary faith and the challenge of mimicry. In *Oxford Surveys in Evolutionary Biology 2*, ed. Richard Dawkins and Matthew Ridley, 159–196. Oxford : Oxford University Press.

Van Dyke, Julie, and Clinton L. Johns. 2012. Memory interference as a determinant of language comprehension. *Language and Linguistics Compass* 6 (4): 193–211.

Vargha-Khadem, Faraneh, David G. Gadian, Andrew Copp, and Mortimer Mishkin. 2005. *FOXP2* and the neuroanatomy of speech and language. *Nature Reviews. Neuroscience* 6 : 131–138.

Vernot, Benjamin, and Joshua M. Akey. 2014. Resurrecting surviving Neanderthal lineages from modern human genomes. *Science* 343 (6174): 1017–1021.

Vigneau, Nicolas-Roy, Virginie Beaucousin, Pierre-Yves Hervé, Hugues Duffau, Fabrice Crivello, Oliver Houdé, Bernard Mazoyer, and Nathalie Tzourio-Mazoyer. 2006. Meta-analyzing left hemisphere language areas: phonology, semantics, and sentence processing. *NeuroImage* 30 (4): 1414–1432.

Vijay-Shanker, K., and J. David Weir, and Aravind K. Joshi. 1987. Characterizing structural descriptions produced by various grammatical formalisms. In *Proceedings of the 25th Annual Meeting of the Association for Computational Linguistics* (ACL), 104–111, Stanford, CA: Association for Computational Linguistics.

Wallace, Alfred Russel. 1856. On the habits of the Orang-utan of Borneo. *Annals & Magazine of Natural History* (June): 471–475.

Wallace, Alfred Russel. 1869. Sir Charles Lyell on geological climates and the origin of species. *Quarterly Review* (April): 359–392.

Wallace, Alfred Russel. 1871. *Contributions to the Theory of Natural Selection*. 2nd ed. London : Macmillan.

Wardlaw, Claude W. 1953. A commentary on Turing's reactiondiffusion mechanism of morphogenesis. *New Phytologist* 52 (1): 40–47.

Warneken, Felix, and Alexandra G. Rosati. 2015. Cognitive capacities for cooking in chimpanzees. *Proceedings of the Royal Society Series B* 282 : 20150229.

Weinreich, Daniel M., Nigel F. Delaney, Mark A. DePristo, and Daniel L. Hartl.

Szklarczyk, Damian, Andrea Franceschini, Stefan Wyder, Kristoffer Forslund, Davide Heller, Jaime Huerta-Cepas, Milan Simonovic, Alexander Roth, Alberto Santos, Kalliopi P Tsafou, Michael Kuhn, Peer Bork, Lars J Jensen, and Christian von Mering. 2011. The STRING database in 2011: Functional interaction networks ofproteins, globally integrated and scored. *Nucleic Acids Research* 39 : D561–D568.

Takahashi, Daniel Y., Alicia Fenley, Yayoi Teramoto, Darshana Z. Narayan, Jeremy Borjon, P. Holmes, and Asif A. Ghazanfar. 2015. The developmental dynamics of marmoset monkey vocal production. *Science* 349 (6249): 734–748.

Tallerman, Maggie. 2014. No syntax saltation in language evolution. *Language Sciences* 46 : 207–219.

Tattersall, Ian. 1998. *The Origin of the Human Capacity, the Sixty- Eighth James McArthur Lecture on the Human Brain*. New York : American Museum of Natural History.

Tattersall, Ian. 2002. *The Monkey in the Mirror*. New York : Harcourt.

Tattersall, Ian. 2006. Becoming human: Evolution and the rise of intelligence. *Scientific American* (July): 66–74.

Tattersall, Ian. 2008. An evolutionary framework for the acquisition of symbolic cognition by *Homo sapiens. Comparative Cognition & Behavior Reviews* 3 : 99–114.

Tattersall, Ian. 2010. Human evolution and cognition. *Theory in Biosciences* 129 (2–3): 193–201.

Thompson, D'arcy Wentworth. [1917] 1942. *On Growth and Form*. Cambridge: Cambridge University Press.

Thompson, John N. 2013. *Relentless Evolution*. Chicago : University of Chicago Press.

Tishkoff, Sarah, Floyd A. Reed, Benjamin F. Voight, Courtney C. Babbitt, Jesse S. Silverman, Kweli Powell, Holly M. Mortensen, 2007. Convergent adaptation of human lactase persistence in Africa and Europe. *Nature Genetics* 39 (1): 31–40.

Tomasello, Michael. 2009. UG is dead. *Behavioral and Brain Sciences* 32 (5): 470–471.

Trubetzkoy, Nikolay. 1939. *Grundzüge der Phonologie*. Göttingen : Vandenhoeck & Ruprecht.

Trubetzkoy, Nikolay. 1969. *Principles of Phonology*. Trans. C. A. Baltaxe. Berkeley : University of California Press.

Kluwer.

Stabler, Edward. 2011. *Top-down recognizers for MCFGs and MGs.* In *Proceedings of the 2 nd Workshop on Cognitive Modeling and Computational Linguistics*, ed. Frank Keller and David Reiter, 39–48. Stroudsburg, PA: Association for Computational Linguistics.

Stabler, Edward. 2012. *Top-down recognizers for MCFGs and MGs. Topics in Cognitive Science* 5 : 611–633.

Stebbins, Ledyard. 1995. Recollections of a coauthor and close friend. In *Genetics of Natural Populations, the continuing influence of Theodosius Dobzhansky*, ed. Louis Levine, 7–13. New York : Columbia University Press.

Steedman, Mark. 2014. Evolutionary basis for human language. *Physics of Life Reviews* 11 (3): 382–388.

Steffanson, Hreinn, Agnar Helgason, Gudmar Thorleifsson, Valgerdur Steinthorsdottir, Gisli Masson, John Barnard, Adam Baker, Aslaug Jonasdottir, Andres Ingason, Vala G. Gudnadottir, Natasa Desnica, Andrew Hicks, Arnaldur Gylfason, Daniel F. Gudbjartsson, Gudrun M. Jonsdottir, Jesus Sainz, Kari Agnarsson, Birgitta Birgisdottir, Shyamali Ghosh, Adalheidur, Olafsdottir, Jean-Baptiste Cazier, Kristleifur Kristjansson, Michael L Frigge, Thorgeir E. Thorgeirsson, Jeffrey R. Gulcher, Augustine Kong, and Kari Stefansson. 2005. A common inversion under selection in Europeans. *Nature Genetics* 37 (2): 129–137.

Stent, Gunther. 1984. From probability to molecular biology. *Cell* 36 : 567–570.

Stevens, Kenneth N. 1972. The quantal nature of speech: Evidence from articulatory-acoustic data. In *Human Communication: A Unified View*, ed. Edward E. David, Jr., and Peter B. Denes, 51–66. New York : McGraw-Hill.

Stevens, Kenneth N. 1989. On the quantal nature of speech. *Journal of Phonetics* 17 (1/2): 3–45.

Striedter, Georg. 2004. *Principles of Brain Evolution.* Sunderland, MA : Sinauer Associates.

Swallow, Dallas M. 2003. Genetics of lactase persistence and lactose intolerance. *Annual Review of Genetics* 37 : 197–219.

Számado, Szabolcs, and Eörs Szathmáry. 2006. Selective scenarios for the emergence of natural language. *Trends in Ecology & Evolution* 679 : 555–561.

Szathmáry, Eörs. 1996. From RNA to language. *Current Biology* 6 (7): 764.

Rosenfeld, Azriel. 1982. Quadtree grammars for picture languages. *IEEE Transactions on Systems, Man, and Cybernetics* SMC-12 (3): 401–405.

Samet, Hanan, and Azriel Rosenfeld. 1980. Quadtree representations of binary images. *Proceedings of the 5th International Conference on Pattern Recognition*, 815–818.

Sapir, Edward, and Harry Hoijer. 1967. *The Phonology and Morphology of the Navaho Language*. Los Angeles : University of California Publications in Linguistics.

Sauerland, Uli, and Hans Martin Gärtner. 2007. *Interfaces + Recursion = Language?* New York : Mouton.

Saussure, Ferdinand. 1916. *Cours de linguistic générale*. Paris : Payot.

Schreiweis, Christiane, Ulrich Bornschein, Eric Burguière, Cemil Kerimoglu, Sven Schreiter, Michael Dannemann, Shubhi Goyal, Ellis Rea, Catherine A. French, Rathi Puliyadih, Matthias Groszer, Simon E. Fisher, Roger Mundry, Christine Winter, Wulf Hevers, Svante Pääbo, Wolfgang Enard and Ann M. Graybiel. 2014. Humanized *Foxp2* accelerates learning by enhancing transitions from declarative to procedural performance. *Proceedings of the National Academy of Sciences of the United States of America* 111 (39): 14253–14258.

Schuler, William, Samir Abdel Rahman, Tim Miller, and Lane Schwartz. 2010. Broad-coverage parsing using human-like memory constraints. *Computational Linguistics* 36 (1): 1–30.

Sherman, Michael. 2007. Universal genome in the origin of Metazoa: Thoughts about evolution. *Cell Cycle (Georgetown, TX)* 6 (15): 1873–1877.

Smith, Neil, and Ianthi-Maria Tsimpli. 1995. *The Mind of a Savant: Language, Learning, and Modularity*. New York : Wiley.

Somel, Mehmet, Xiling Liu, and Philip Khaitovich. 2013. Human brain evolution: Transcripts, metabolites and their regulators. *Nature Reviews Neuroscience* 114 : 112–127.

Spoor, Frederick, Philip Gunz, Simon Neubauer, Stefanie Stelzer, Nadia Scott, Amandus Kwekason, and M. Christopher Dean. 2015. Reconstructed *Homo habilis* type OH 7 suggests deep-rooted species diversity in early *Homo*. *Nature* 519 (7541): 83–86.

Stabler, Edward. 1991. Avoid the pedestrian's paradox. In *Principlebased Parsing*, ed. Robert C. Berwick, Stephen P. Abney and Carol Tenny, 199–237. Dordrecht :

Middle Paleolithic in the northern Caucasus. *Proceedings of the National Academy of Sciences of the United States of America* 108 (21): 8611–8616.

Pinker, Steven, and Paul Bloom. 1990. Natural language and natural selection. *Behavioral and Brain Sciences* 13 (4): 707–784.

Pinker, Steven, and Heather K. J. van der Lely. 2014. The biological basis of language: insight from developmental grammatical impairments. *Trends in Cognitive Sciences* 18 (11): 586–595.

Poelwijk, Frank, Daniel J. Kiviet, Daniel M. Weinreich, and Sander J. Tans. 2007. Empirical fitness landscapes reveal accessible evolutionary paths. *Nature* 445 (25): 383–386.

Pollard, Carl. 1984. *Generalized Phrase Structure Grammars, Head Grammars and Natural Language*. Ph.D. dissertation, Stanford, CA: Stanford University.

Prabhakar, Shyam, James P. Noonan, Svante Pbo, and Edward M. Rubin. 2006. Accelerated evolution of conserved noncoding sequences in humans. *Science* 314 : 786.

Priestley, Joseph. 1775. *Hartley's Theory of the Human Mind*. London : J. Johnson.

Ptak, Susan E., Wolfgang Enard, Victor Wiebe, Ines Hellmann, Johannes Krause, Michael Lachmann, and Svante Pääbo. 2009. Linkage disequilibrium extends across putative selected sites in *FOXP2*. *Molecular Biology and Evolution* 26 : 2181–2184.

Pulvermüller, Friedemann. 2002. *The Neuroscience of Language*. Cambridge : Cambridge University Press.

Ramus, Franck, and Simon E. Fisher. 2009. Genetics of language. In *The Cognitive Neurosciences*. 4th ed., ed. Michael S. Gazzaniga, 855–871. Cambridge, MA : MIT Press.

Reinhart, Tanya, and Eric Reuland. 1993. Reflexivity. *Linguistic Inquiry* 24 : 657–720.

Rice, Sean R. 2004. *Evolutionary Theory: Mathematical and Conceptual Foundations*. Sunderland, MA : Sinauer Associates.

Rice, Sean R., Anthony Papadapoulos, and John Harting. 2011. Stochastic processes driving directional selection. In *Evolutionary Biology—Concepts, Biodiversity, Macroevolution and Genome Evolution*, ed. Pierre Pontarotti, 21–33. Berlin : Springer-Verlag.

keys concatenate vocalizations into context-specific call sequences. *Proceedings of the National Academy of Sciences of the United States of America* 106 (51): 22026–22031.

Pääbo, Svante. 2014 a. The human condition—a molecular approach. *Cell* 157 (1): 216–226.

Pääbo, Svante. 2014 b. Neanderthal Man. In *Search of Lost Genomes*. New York : Basic Books.

Pagani, Luca, Stephan Schiffels, Deepti Gurdasani, Petr Danecek, Aylwyn Scally, Yuan Chen, Yali Xue, 2015. Tracing the route of modern humans out of Africa using 225 human genome sequences from Ethiopians and Egyptians. *American Journal of Human Genetics* 96 : 1–6.

Pearce, Eiluned, Christopher Stringer, and Richard I. Dunbar. 2013. New insights into differences in brain organization between Neanderthals and anatomically modern humans. *Proceedings of the Royal Society Series B* 280 (1758): 20130168. http://dx.doi.org/10.1098/ rspb.2013.0168.

Perani, Daniela, Maria C. Saccumana, Paola Scifo, Alfred Anwander, Danilo Spada, Cristina Baldolib, Antonella Poloniato, Gabriele Lohmann, and Angela D. Friederici. 2011. Neural language networks at birth. *Proceedings of the National Academy of Sciences of the United States of America* 108 (38): 16056–16061.

Petitto, Laura Anne. 1987. On the autonomy of language and gesture: Evidence from the acquisition of personal pronouns in American Sign Language. *Cognition* 27 (1): 1–52.

Petitto, Laura Anne. 2005. How the brain begets language. In *The Chomsky Reader*, ed. James McGilvray, 85–101. Cambridge : Cambridge University Press.

Pfenning, Andreas R., Erina Hara, Osceola Whitney, Miriam V. Rivas, Rui Wang, Petra L. Roulhac, Jason T. Howard M. Arthur Moseley, J. Will Thompson, Erik J. Soderblom, Atsushi Iriki, Masaki Kato, M. Thomas P. Gilbert, Guojie Zhang, Trygve Bakken, Angie Bongaarts, Amy Bernard, Ed Lein, Claudio V. Mello, Alexander J. Hartemink, Erich D. Jarvis. 2014. Convergent transcriptional specializations in the brains of humans and song-learning birds. *Science* 346 (6215): 1256846:1–10.

Pinhasi, Ronald, Thomas F. G. Higham, Liubov V. Golovanova, and Vladimir B. Doronichevc. 2011. Revised age of late Neanderthal occupation and the end of the

Müller, Gerd. 2007. Evo-devo: Extending the evolutionary synthesis. *Nature Reviews. Genetics* 8 : 943–949.

Muller, Hermann J. 1940. Bearing of the *Drosophila* work on systematics. In *The New Systematics*, ed. Julian S. Huxley, 185–268. Oxford : Clarendon Press.

Musso, Mariacristina, Andrea Moro, Volkmar Glauche, Michel Rijntjes, Jürgen Reichenbach, Christian Büchel, and Cornelius Weiller. 2003. Broca's area and the language instinct. *Natstedstedure Neuroscience* 6 : 774–781.

Newmeyer, Frederick J. 1998. On the supposed "counter-functionality" of Universal Grammar: Some evolutionary implications, In *Ap - proaches to the Evolution of Language*, ed. James R. Hurford, Michael Studdert Kennedy, and Christopher Knight 305–319. Cambridge: Cambridge University Press.

Nilsson, D. E., and Susanne Pelger. 1994. A pessimistic estimate of the length of time required for an eye to evolve. *Proceedings of the Royal Society Series B* 256 (1345): 53–58.

Niyogi, Partha, and Robert C. Berwick. 2009. The proper treatment of language acquisition and change. *Proceedings of the National Academy of Sciences of the United States of America* 109 : 10124–10129.

Nowak, Martin A.. 2006. *Evolutionary Dynamics*. Cambridge, MA : Harvard University Press.

Ohno, Susumu. 1970. *Evolution by Gene Duplication*. Berlin : Springer-Verlag.

Okanoya, Kazuo. 2004. The Bengalese finch: A window on the behavioral neurobiology of birdsong syntax. *Annals of the New York Academy of Sciences* 1016 : 724–735.

Orr, H. Allen. 1998. The population genetics of adaptation: the distribution of factors fixed during adaptive evolution. *Evolution; International Journal of Organic Evolution* 52 (4): 935–949.

Orr, H. Allen. 2005 a. The genetic theory of adaptation. *Nature Reviews. Genetics* 6 : 119–127.

Orr, H. Allen. 2005 b. A revolution in the field of evolution? *New Yorker (New York, N.Y.)* (October): 24.

Orr, H. Allen, and Jerry A. Coyne. 1992. The genetics of adaptation revisited. *American Naturalist* 140 : 725–742.

Ouattara, Karim, Alban Lemasson, and Klaus Zuberbühler. 2009. Campbell's mon-

Carles Lalueza-Fox, Marco de la Rasilla, Antonio Rosas, Sre ć ko Gajovi ć, Janet Kelso, Wolfgang Enard, Walter Schaffner, and Svante Pääbo. 2013. A recent evolutionary change affects a regulatory element in the human *FOXP2* gene. *Molecular Biology and Evolution* 30 (4): 844–852.

Markowitz, Jeffrey E., Lizabeth Ivie, Laura Kligler, and Timothy J. Gardner. 2013. Long-range order in canary song. *PLoS Computational Biology*, doi: 10.1371/journal.pcbi.1003052.

Marr, David. 1982. *Vision: A Computational Investigation into the Human Representation and Processing of Visual Information*. Cambridge, MA : MIT Press.

Maynard Smith, John. 1982. *Evolution and the Theory of Games*. Cambridge: Cambridge University Press.

Maynard Smith, John, and Eörs Szathmáry. 1995. *The Major Transitions in Evolution*.

Maynard Smith, John, Richard Burian, Stuart Kauffman, Pere Alberch, John Campbell, Brian Goodwin, Russell Lande, David Raup, and Lewis Wolpert. 1985. Developmental constraints and evolution: A perspective from the Mountain Lake Conference on development and evolution. *Quarterly Review of Biology* 60 (3): 265–287.

Mayr, Ernst. 1963. *Animal Species and Evolution*. Cambridge, MA : Belknap Press of Harvard University Press.

Mayr, Ernst. 1995. Can SETI Succeed? Not Likely. *Bioastronomy News* 7 (3). http://www.astro.umass.edu/~mhanner/Lecture_Notes/ Sagan-Mayr.pdf.

McMahon, April, and Robert McMahon. 2012. *Evolutionary Linguistics*. Cambridge : Cambridge University Press.

McNamara, John M. 2013. Towards a richer evolutionary game theory. [doi: 10.1098/rsif.2013.0544.] *Journal of the Royal Society, Interface* 10 (88): 20130544.

Mellars, Paul. 2010. Neanderthal symbolism and ornament manufacture: The bursting of a bubble? *Proceedings of the National Academy of Sciences of the United States of America* 107 (47): 20147–20148.

Minksy, Marvin L. 1967. *Computation: Finite and Infinite Machines*. Englewood Cliffs, NJ : Prentice-Hall.

Monod, Jacques. 1970. *Le hasard et la nécessité*. Paris : Seuil.

Monod, Jacques. 1972. *Chance and Necessity: An Essay on the Natural Philosophy of Modern Biology*. New York : Vintage Books.

Lindblad-Toh, Kersten, Manuel Garber, Or Zuk, Michael F. Lin, Brian J. Parker, Stefan Washietl, Pouya Kheradpour, Jason Ernst, Gregory Jordan, Evan Mauceli, Lucas D. Ward, Craig B. Lowe, Alisha K. Holloway, Michele Clamp, Sante Gnerre, Jessica Alföldi, Kathryn Beal, Jean Chang, Hiram Clawson, James Cuff, Federica Di Palma, Stephen Fitzgerald, Paul Flicek, Mitchell Guttman, Melissa J. Hubisz, David B. Jaffe, Irwin Jungreis, W. James Kent, Dennis Kostka, Marcia Lara, Andre L. Martins, Tim Massingham, Ida Moltke, Brian J. Raney, Matthew D. Rasmussen, Jim Robinson, Alexander Stark, Albert J. Vilella, Jiayu Wen, Xiaohui Xie, Michael C. Zody, Broad Institute Sequencing Platform and Whole Genome Assembly Team,Kim C. Worley, Christie L. Kovar, Donna M. Muzny, Richard A. Gibbs, Baylor College of Medicine Human Genome Sequencing Center Sequencing Team, Wesley C. Warren, Elaine R. Mardis, George M. Weinstock, Richard K. Wilson, Genome Institute at Washington University, Ewan Birney, Elliott H. Margulies, Javier Herrero, Eric D. Green, David Haussler, Adam Siepel, Nick Goldman, Katherine S. Pollard, Jakob S. Pedersen, Eric S. Lander, and Manolis Kellis. 2011. A high-resolution map of human evolutionary constraint using 29 mammals. *Nature* 478 : 476–482.

Luria, Salvador. 1974. *A Debate on Bio-Linguistics*. Endicott House, Dedham, MA, May 20–21. Paris: Centre Royaumont pour une science de l'homme.

Lyell, Charles. 1830–1833. *Principles of Geology*. London: John Murray.

Lynch, Michael. 2007. *The Origins of Genome Architecture*. Sunderland, MA : Sinauer Associates.

Mampe, Birgit, Angela D. Friederici, Anne Christophe, and Kristine Wermke. 2009. Newborns' cry melody is shaped by their native language. *Current Biology* 19 (23): 1994–1997.

Marchant, James. 1916. *Alfred Russel Wallace Letters and Reminiscences*. London : Cassell.

Marcus, Gary. 2001. *The Algebraic Mind*. Cambridge, MA : MIT Press.

Marcus, Gary. 2009. How *does* the mind work? *Topics in Cognitive Science* 1 (1): 145–172.

Margulis, Lynn. 1970. *Origin of Eukaryotic Cells*. New Haven : Yale University Press.

Maricic, Tomislav, Viola Günther, Oleg Georgiev, Sabine Gehre, Marija Ć urlin, Christiane Schreiweis, Ronald Naumann, Hernán A. Burbano, Matthias Meyer, chimpanzees. *Science* 188 (4184): 107–116.

Kleene, Stephen. 1956. *Representation of Events in Nerve Nets and Finite Automata.* Annals of Mathematical Studies 34. Princeton: Princeton University.

Kobele, Gregory. 2006. *Generating Copies: An Investigation into Structural Identity in Language and Grammar.* Ph.D. thesis, Department of Linguistics. Los Angeles: University of California at Los Angeles.

Kos, Miriam, Danielle van den Brink, Tineke M. Snijders, Mark Rijpkema, Barbara Franke, Guillen Fernandez, and Peter Hagoort. 2012. *CNTNAP2* and language processing in healthy individuals as measured with ERPs. *PLoS One* 7 (10): e46995, Oct. 24. doi: PMCID: PMC3480372. 10.1371/journal.pone.0046995.

Koulouris, Andreas, Nectarios Koziris, Theodore Andronikos, George Papakonstantinou, and Panayotis Tsanakas. 1998. A parallel parsingVLSI architecture for arbitrary context-free grammars. *Proceedings of the 1998 Conference on Parallel and Distributed Systems,* IEEE, 783–790.

Krause, Johannes, Carles Lalueza-Fox, Ludovic Orlando, Wolfgang Enard, Richard Green, Herman A. Burbano, Jean-Jacques Hublin, 2007. The derived *FOXP2* variant of modern humans was shared with Neandertals. *Current Biology* 17 : 1–5.

Kuypers, Hanricus Gerardus Jacobus Maria. 1958. Corticobulbar connections to the pons and lower brainstem in man: An anatomical study. *Brain* 81 (3): 364–388.

Lane, Nicholas. 2015. *The Vital Question: Why Is Life the Way It Is?* London: Profile Books Ltd.

Lashley, Karl. 1951. The problem of serial order in behavior. In *Cerebral Mechanisms in Behavior,* ed. Lloyd A. Jeffress, 112–136. New York : Wiley.

Lasnik, Howard. 2000. *Syntactic Structures Revisited.* Cambrige, MA : MIT Press.

Lasnik, Howard, and Joseph Kupin. 1977. A restrictive theory of transformational grammar. *Theoretical Linguistics* 4 : 173–196.

Lenneberg, Eric H. 1967. *Biological Foundations of Language.* New York : Wiley.

Lewontin, Richard. 1998. The evolution of cognition: Questions we will never answer. In *Methods, Models, and Conceptual Issues: An Invitation to Cognitive Science,* ed. Don Scarborough and Mark Liberman, 108–132. 4th ed. Cambridge, MA: MIT Press.

Lewontin, Richard. 2001. *The Triple Helix.* New York : New York Review of Books Press.

Xiaohua Ou, Huasang, Jiangbai Luosang, Zha Xi Ping Cuo, Kui Li, Guoyi Gao, Ye Yin, Wei Wang, Xiuqing Zhang, Xun Xu, Huanming Yang, Yingrui Li, Jian Wang, Jun Wang, and Rasmus Nielsen. 2014. Altitude adaptation in Tibetans caused by introgression of Denisovan-like DNA. *Nature* 512 : 194–197.

Humplik, Jan, Alison L. Hill, and Martin A. Nowak. 2014. Evolutionary dynamics of infectious diseases in finite populations. *Journal of Theoretical Biology* 360 : 149–162.

Hurford, James. 1990. Beyond the roadblock in linguistic evolution studies. *Behavioral and Brain Sciences* 13 (4): 736–737.

Hurford, James, Michael Studdert-Kennedy, and Chris Knight. 1998. *Approaches to the Evolution of Language: Cognitive and Linguistic Bases.* Cambridge : Cambridge University Press.

Huxley, Julian. 1963. *Evolution: The Modern Synthesis.* 3rd ed. London : Allen and Unwin.

Huxley, Thomas. 1859. *Letter to Charles Darwin, November 23. Darwin Correspondence Project, letter 2544.* Cambridge : Cambridge University Library ; www.darwinproject.ac.uk/letter/entry-2544.

Jacob, François. 1977. Darwinism reconsidered. *Le Monde*, September, 6–8.

Jacob, François. 1980. *The Statue Within.* New York : Basic Books.

Jacob, François. 1982. *The Possible and the Actual.* New York : Pantheon.

Jerison, Harry. 1973. *Evolution of the Brain and Intelligence.* New York : Academic Press.

Jobling, Mark A., Edward Hollox, Matthew Hurles, Toomas Kivsild, and Chris Tyler-Smith. 2014. *Human Evolutionary Genetics.* New York : Garland Science, Taylor and Francis Group.

Joos, Martin. 1957. *Readings in Linguistics.* Washington, DC : American Council of Learned Societies.

Jürgens, Uwe. 2002. Neural pathways underlying vocal control. *Neuroscience and Biobehavioral Reviews* 26 (2): 235–258.

Kallmeyer, Laura. 2010. *Parsing Beyond Context-Free Grammars.* New York : Springer.

Kimura, Moota. 1983. *The Neutral Theory of Molecular Evolution.* Cambridge : Cambridge University Press.

King, Marie-Claire, and Alan Wilson. 1975. Evolution at two levels in humans and *tion of Language and Speech*. New York : New York Academy of Sciences.

Harris, Zellig. 1951. *Methods in Structural Linguistics*. Chicago : University of Chicago Press.

Hauser, Marc. 1997. *The Evolution of Communication*. Cambridge, MA : MIT Press.

Heinz, Jeffrey. 2010. Learning long-distance phonotactics. *Linguistic Inquiry* 41 : 623–661.

Heinz, Jeffrey, and William Idsardi. 2013. What complexity differences reveal about domains in language. *Topics in Cognitive Science* 5 (1): 111–131.

Hennessy, John L., and David A. Patterson. 2011. *Computer Architecture: A Quantitative Approach*. Waltham, MA : Morgan Kaufman Publishers.

Henshilwood, Christopher, Francesco d'Errico, Royden Yates, Zenobia Jacobs, Chantal Tribolo, Geoff A. T. Duller, Norbert Mercier, 2002. Emergence of modern human behavior: Middle Stone Age engravings from South Africa. *Science* 295 : 1278–1280.

Hermer-Vazquez, Linda, Alla S. Katsnelson, and Elizabeth S. Spelke. 1999. Sources of flexibility in human cognition: Dual-task studies of space and language. *Cognitive Psychology* 39 (1): 3–36.

Hingham, Thomas, Fiona Brock, Christopher Bronk Ramsey, William Davies, Rachel Wood, Laura Basell. 2011. Chronology of the site of Grotte du Renne, Arcy-sur-Cure, France: Implications for Neandertal symbolic behavior. *Before Farm* 2: 1–9.

Hinzen, Wolfram. 2006. *Mind Design and Minimal Syntax*. Oxford : Oxford University Press.

Hittinger, Chris Todd, and Sean B. Carroll. 2007. Gene duplication and the adaptive evolution of a classic genetic switch. *Nature* 449 (7163): 677–681.

Hoogman, Martine, Julio Guadalupe, Marcel P. Zwiers, Patricia Klarenbeek, Clyde Francks, and Simon E. Fisher. 2014. Assessing the effects of common variation in the *FOXP2* gene on human brain structure. *Frontiers in Human Neuroscience* 8 : 1–9.

Hornstein, Norbert. 2009. *A Theory of Syntax*. Cambridge : Cambridge University Press.

Huerta-Sánchez, Xin Jin, Asan, Zhuoma Bianba, Benjamin M. Peter, Nicolas Vinckenbosch, Yu Liang, Xin Yi, Mingze He, Mehmet Somel, Peixiang Ni, Bo Wang,

Graf, Thomas. 2013. *Local and Transderivational Constraints on Syntax and Semantics.* Ph.D. thesis, Department of Linguistics. Los Angeles: University of California at Los Angeles.

Graham, Susan L., Michael A. Harrison, and Walter Ruzzo. 1980. An improved context-free recognizer. *ACM Transactions on Programming Languages and Systems* 2 (3): 415–462.

Grant, Peter, and Rosemary Grant. 2014. *Forty Years of Evolution: Darwin's Finches on Daphne Major Island.* Princeton, NJ : Princeton University Press.

Groszer, Matthias, David A. Keays, Robert M. J. Deacon, Joseph P. de Bono, Shetwa Prasad-Mulcare, Simone Gaub, Muriel G. Baum, Catherine A. French, Jérôme Nicod, Julie A. Coventry, Wolfgang Enard, Martin Fray, Steve D. M. Brown, Patrick M. Nolan, Svante Pääbo, Keith M. Channon, Rui M. Costa, Jens Eilers, Günter Ehret,J. Nicholas P. Rawlins, and Simon E. Fisher. 2008. Impaired synaptic plasticity and motor learning in mice with a point mutation implicated in human speech deficits. *Current Biology* 18 : 354–362.

Gunz, Philipp, Simon Neubauer, Bruno Maureille, and Jean-Jacques Hublin. 2010. Brain development after birth differs between Neanderthals and modern humans. *Current Biology* 20 (21): R921–R922.

Haldane, John Burdon Sanderson. 1927. A mathematical theory of natural and artificial selection, Part V: Selection and mutation. *Proceedings of the Cambridge Philosophical Society* 23 (7): 838–844.

Hansson, Gunnar Ólafur. 2001. Remains of a submerged continent: Preaspiration in the languages of Northwest Europe. In *Historical Linguistics 1999: Selected Papers from the 14th International Conference on Historical Linguistics,* ed. Laurel J. Brinton, 157–173. Amsterdam: John Benjamins.

Hardy, Karen, Jennie Brand-Mill er, Katherine D. Brown, Mark G. Thomas, and Les Copeland. 2015. The Importance of dietary carbohydrate in human evolution. *The Quarterly Review of Biology* 90 (3): 251–268.

Harmand, Sonia, Jason E. Lewis, Craig S. Feibel, Christopher J. Lepre, Sandrine Prat, Arnaud Lenoble, Xavier Boës, Horst D. Steklis, and Jane Lancaster. 2015. 3.3-million-year-old stone tools from Lomekwi 3, West Turkana, Kenya. *Nature* 521 : 310–315.

Harnad, Stevan, Horst D. Steklis, and Jane Lancaster, eds. 1976. *Origins and Evolu-*

Fitch, William Tecumseh, Michael A. Arbib, and Merlin Donald. 2010. A molecular genetic framework for testing hypotheses about language evolution. In *Proceedings of the 8th International Conference on the Evolution of Language*, ed. Andrew D. M. Smith, Marieke Schouwstra, Bart de Boer, and Kenny Smith, 137–144. Singapore: World Scientific.

Fong, Sandiway. 1991. *Computational Implementation of Principle- Based Parsers*. Ph.D. thesis, Department of Electrical Engineering and Computer Science. Cambridge, MA: Massachusetts Institute of Technology.

Frank, Stefan L., Rens Bod, and Morten H. Christiansen. 2012. How hierarchical is language use? *Proceedings of the Royal Society Series B* 297 : 4522–4531. doi: 10.1098/rspb.2012.1741

Frey, Stephen, Scott Mackey, and Michael Petrides. 2014. Corticocortical connections of areas 44 and 45B in the macaque monkey. *Brain and Language* 131 : 36–55.

Friederici, Angela. 2009. Language and the brain. In *Of Minds and Language, A Dialogue with Noam Chomsky in the Basque Country*, ed. Massimo Piattelli-Palmarini, Juan Uriagereka and Pello Salaburu, 352–377. Oxford : Oxford University Press.

Gallistel, Charles G. 1990. Representations in animal cognition: An introduction. *Cognition* 37 (1–2): 1–22.

Gallistel, Charles G., and Adam Philip King. 2009. *Memory and the Computational Brain*. New York : Wiley.

Gehring, Walter. 2005. New perspectives on eye development and the evolution of eyes and photoreceptors. *Journal of Heredity* 96 (3): 171–184.

Gehring, Walter. 2011. Chance and necessity in eye evolution. *Genome Biology and Evolution* 3 : 1053–1066.

Gillespie, John. 2004. *Population Genetics: A Concise Guide*. Baltimore : Johns Hopkins University Press.

Goldschmidt, Richard. 1940. *The Material Basis of Evolution*. New Haven, CT : Yale University Press.

Goodall, Jane. 1986. *The Chimpanzees of Gombe: Patterns of Behavior*. Boston : Belknap Press of the Harvard University Press.

Gould, Stephen J., and Steven Rose. 2007. *The Richness of Life: The Essential Stephen Jay Gould*. New York : W.W. Norton and Company.

John Murray.
Darwin, Charles. 1887. *The Autobiography of Charles Darwin*. London : John Murray.
Dediu, Daniel, and D. Robert Ladd. 2007. Linguistic tone is related to the population frequency of the adaptive haplogroups of two brain size genes, *ASPM* and *Microcephalin*. *Proceedings of the National Academy of Sciences of the United States of America* 104 (26): 10944–10949.
Dejerine, Joseph Jules. 1895. *Anatomie des Centres Nerveux*. Paris : Rueff et Cie.
Ding, Nai, Yue Zhang, Hong Tian, Lucia Melloni, and David Poeppel. 2014. Cortical dynamics underlying online building of hierarchical structures. *Proceedings of the Society for Neuroscience 2014*. Poster 204.14. Washington, DC: Society for Neuroscience.
Ding, Nai, Yue Zhang, Hong Tian, Lucia Melloni, and David Poeppel. 2015, in press. Cortical dynamics underlying online building of hierarchical structures. *Nature Neuroscience*.
Dobzhansky, Theodosius. 1937. *Genetics and the Origin of Species*. New York : Columbia University Press.
Earley, Jay. 1970. An efficient context-free parsing algorithm. *Communications of the ACM* 13 (2): 94–102.
Enard, Wolfgang, Molly Przeworski, Simon E. Fisher, Cecillia Lai, Victor Wiebe, Takashi Kitano, Anthony P. Monaco, and Svante Paääbo. 2005. Molecular evolution of *FOXP2*, a gene involved in speech and language. *Nature* 418 : 869–872.
Engesser, Sabrina, Jodie M. S. Crane, James L. Savage, Andrew F. Russell, and Simon W. Townsend. 2015. Experimental evidence for phonemic contrasts in a nonhuman vocal system. *PLoS Biology*. doi:. 10.1371/journal.pbio.1002171.
Feynman, Richard. 1959/1992. There's plenty of room at the bottom. *Journal of Microelectromechanical Systems* 1 (1): 60–66.
Fisher, Ronald A. 1930. *The Genetical Theory of Natural Selection*. London : Clarendon.
Fisher, Simon E., Faraneh Vargha-Khadem, Katherine E. Watkins, Anthony P. Monaco, and Marcus E. Pembrey. 1998. Localisation of a gene implicated in a severe speech and language disorder. *Nature Genetics* 18 (2): 168–170.
Fitch, William Tecumseh. 2010. *The Evolution of Language*. Cambridge : Cambridge University Press.

puter Science. Cambridge, MA: Massachusetts Institute of Technology.

Cohen, Shay B., Giorgio Satta, and Michael Collins. 2013. Approximate PCFG parsing using tensor decomposition. In *Proceedings of the 2013 Conference of the North American Chapter of the Association for Computational Linguistics: Human Language Technologies*, 487–496. Atlanta, Georgia: Association for Computational Linguistics.

Colosimo, Pamela F., Sarita Balabhadra, Guadalupe Villarreal, Jr., Mark Dickson, Jane Grimwood, Jeremy Schmutz, Richard M. Myers, Dolph Schluter, and David M. Kingsley. 2005. Widespread parallel evolution in sticklebacks by repeated fixation of *Ectodysplasin* alleles. *Science* 307 : 1928–1933.

Colosimo, Pamela F., Catherine L. Peichel, Kirsten Nereng, Benjamin K. Blackman, Michael D. Shapiro, Dolp Schluter, and David M. Kingsley. 2004. The genetic architecture of parallel armor plate reduction in threespine sticklebacks. *PLoS Biology* 2 : 635–641.

Comins, Jordan A., and Tiomthy Q. Gentner. 2015. Pattern- Induced covert category learning in songbirds. *Current Biology* 25 : 1873–1877.

Crain, Stephen. 2012. *The Emergence of Meaning*. Cambridge : Cambridge University Press.

Cudworth, Ralph. 1731. *A Treatise Concerning Eternal and Immutable Morality*. London : James and John Knapton.

Culicover, Peter, and Ray Jackendoff. 2005. *Simpler Syntax*. Oxford : Oxford University Press.

Curtiss, Susan. 2012. Revisiting modularity: Using language as a window to the mind. In *Rich Languages from Poor Inputs*, ed. Massimo Piatelli-Palmarini and Robert C. Berwick, 68–90. Oxford : Oxford University Press.

Darlington, Charles D. 1947. The genetic component of language. *Heredity* 1 : 269–286.

Darwin, Charles. [1856] 1990. *Darwin Correspondence Project*. Vol. 6. Cambridge : Cambridge University Press.

Darwin, Charles. 1859. *On the Origin of Species*. London : John Murray.

Darwin, Charles. 1868. *Variation of Plants and Animals under Domestication*. London : John Murray.

Darwin, Charles. 1871. *The Descent of Man, and Selection in Relation to Sex*. London :

cognitive deficit within semantic cognition across a multi-generational family. *Proceedings of the Royal Society Series B, Biological Sciences* 279(1743): 3652–3661.

Brosnahan, Leonard Francis. 1961. *The Sounds of Language: An Inquiry into the Role of Genetic Factors in the Development of Sound Systems*. Cambridge : Heffer.

Burling, Robbins. 1993. Primate calls, human language, and nonverbal communication. *Current Anthropology* 34 (1): 25–53.

Carroll, Sean. 2005. *Endless Forms Most Beautiful*. New York : Norton.

Chatterjee, Krishendu, Andreas Pavlogiannis, Ben Adlam, and Martin A. Nowak. 2014. The time scale of evolutionary innovation. *PLoS Computational Biology* 10 (9): e1003818.

Chomsky, Carol. 1986. Analytic study of the Tadoma method: Language abilities of three deaf-blind subjects. *Journal of Speech and Hearing Research* 29 (3): 332–347.

Chomsky, Noam. 1955. *The Logical Structure of Linguistic Theory*. Ms. Harvard University, Cambridge, MA.

Chomsky, Noam. 1956. Three models for the description of language. *I.R.E. Transactions on Information Theory IT-2* : 113–124.

Chomsky, Noam. 1957. *Syntactic Structures*. The Hague : Mouton.

Chomsky, Noam. 1965. *Aspects of the Theory of Syntax*. Cambridge, MA : MIT Press.

Chomsky, Noam. 1976. On the nature of language. In *Origins and Evolution of Language and Speech*, ed. Stevan Harnad, Horst D. Steklis and Jane Lancaster, 46–57. New York : New York Academy of Sciences.

Chomsky, Noam. 1980. *Rules and Representations*. New York : Columbia University Press.

Chomsky, Noam. 1981. *Lectures on Government and Binding*. Dordrecht : Foris.

Chomsky, Noam. 2010. Some simple evo-devo theses: How might they be true for language? In *The Evolution of Human Language*, ed. Richard K. Larson, Viviene Déprez and Hiroko Yamakido, 45–62. Cambridge : Cambridge University Press.

Chomsky, Noam. 2012. Problems of projection. *Lingua* 130 : 33–49.

Chomsky, Noam. 2015. Problems of projection extensions. In *Structures, Strategies and Beyond: Studies in Honour of Adriana Belletti*, ed. Elisa Di Domenico, Cornelia Hamann and Simona Matteini, 1–16. Amsterdam : John Benjamins.

Coen, Michael. 2006. *Multi-Modal Dynamics: Self-Supervised Learning in Perceptual and Motor Systems*. Ph.D. thesis, Department of Electrical Engineering and Com-

Press.

Berwick, Robert C. 2015. Mind the gap. In *50 Years Later: Reflections on Chomsky's Aspects*, ed. Angel J. Gallego and Dennis Ott, 1–12. Cambridge, MA : MIT Working Papers in Linguistics.

Berwick, Robert C., and Samuel David Epstein. 1993. On the convergence of "minimalist" syntax and categorial grammar. In *Proceedings of the Third Conference on Algebraic Methodology and Software Technology* (*AMAST* 93), ed. Martin Nivat, Charles Rattray, Teo Rus, and George Scollo, 143–148. University of Twente, Enschede the Netherlands: Springer-Verlag.

Berwick, Robert C., Kazuo Okanoya, Gabriel Beckers, and Johan Bolhuis. 2011. Songs to syntax: The linguistics of birdsong. *Trends in Cognitive Sciences* 15 (3): 113–121.

Berwick, Robert C., and Samuel Pilato. 1987. Learning syntax by automata induction. *Machine Learning* 2 : 9–38.

Berwick, Robert C., and Amy S. Weinberg. 1984. *The Grammatical Basis of Linguistic Performance*. Cambridge, MA : MIT Press.

Bickerton, Derek. 2014. *More Than Nature Needs*. Cambridge, MA : Harvard University Press.

Bloomfield, Leonard. 1926. A set of postulates for the science of language. *Language* 2 (3): 153–164.

Boeckx, Cedric, and Antonio Benítez-Burraco. November 2014. Globularity and language-readiness: Generating new predictions by expanding the set of genes of interest. *Frontiers in Psychology* 5 : 1324. doi:. 10.3389/fpsyg.2014.01324.

Bornkessel-Schlesewsky, Ina, Matthias Schlesewsky, Steven L. Small, and Josef P. Rauschecker. 2015. Neurobiological roots of language in primate audition: common computational properties. *Trends in Cognitive Sciences* 19 (3): 142–150.

Boyd, Lomax J., Stephanie L. Skove, Jeremy P. Rouanet, Louis-Jan Pilaz, Tristan Bepler, Raluca Gordân, Gregory A. Wray, and Debra L. Silver. 2015. Human-Chimpanzee differences in a FZD8 enhancer alter cell-cycle dynamics in the developing neocortex. *Current Biology* 25 : 772–779.

Brandon, Robert, and Norbert Hornstein. 1986. From icons to symbols: Some speculations on the origin of language. *Biology & Philosophy* 1 : 169–189.

Briscoe, Josie, Rebecca Chilvers, Torsten Baldeweg, and David Skuse. 2012. A specific

# 参考文献


Abe, Kentaro, and Dai Watanabe. 2012. Songbirds possess the spontaneousability to discriminate syntactic rules. *Nature Neuroscience* 14 : 1067–1074.

Ahouse, Jeremy, and Robert C. Berwick. 1998. *Darwin on the mind*. Boston Review of Books, April/May.

Aitchison, Jean. 1996. *The Seeds of Speech: Language Origin and Evolution*. Cambridge : Cambridge University Press.

Aitchison, Jean. 1998. Discontinuing the continuity-discontinuity debate. In *Approaches to the Evolution of Language: Social and Cognitive Bases*, ed. James R. Hurford, Michael Studdert-Kennedy and Chris Knight, 17–29. Cambridge : Cambridge University Press.

Ariew, André, and Richard Lewontin. 2004. The confusions of fitness. *British Journal for the Philosophy of Science* 55 : 347–363.

Baker, Mark C. 2002. *The Atoms of Language*. Oxford: Oxford University Press.

Barton, G. Edward, Robert C. Berwick, and Eric S. Ristad. 1987. *Computational Complexity and Natural Language*. Cambridge, MA : MIT Press.

Bar-Yosef, Ofer, and Jean-Guillaume Bordes. 2010. Who were the makers of the Châtelperronian culture? *Journal of Human Evolution* 59 (5): 586–593.

Beckers, Gabriel, Johan Bolhuis, and Robert C. Berwick. 2012. Birdsong neurolinguistics: Context-free grammar claim is premature. *Neuroreport* 23 : 139–146.

Bersaglieri, Todd, Pardis C. Sabeti, Nick Patterson, Trisha Vanderploeg, Steve F. Schaffner, Jared A. Drake, Matthew Rhodes, David E. Reich, and Joel N. Hirschhorn. 2004. Genetic signatures of strong recent positive selection at the lactase gene. *American Journal of Human Genetics* 74 (6): 1111–1120.

Berwick, Robert C. 1982. *The Acquisition of Syntactic Knowledge*. Ph.D. thesis, Department of Electrical Engineering and Computer Science. Cambridge, MA: The Massachusetts Institute of Technology.

Berwick, Robert C. 1985. *Locality Principles and the Acquisition of Syntactic Knowledge*. Cambridge, MA : MIT Press.

Berwick, Robert C. 2011. All you need is Merge. In *Biolinguistic Investigations*, ed. Anna Maria Di Sciullo and Cedric Boeckx, 461–491. Oxford : Oxford University

本書は、ちくま学芸文庫のために新たに訳出されたものである。

ちくま学芸文庫

チョムスキー言語《げんご》学講義《がくこうぎ》　言語《げんご》はいかにして
進化《しんか》したか

二〇一七年十月　十　日　第一刷発行
二〇二一年三月十五日　第三刷発行

著　者　ノーム・チョムスキー
　　　　ロバート・C・バーウィック
訳　者　渡会圭子（わたらい・けいこ）
発行者　喜入冬子
発行所　株式会社　筑摩書房
　　　　東京都台東区蔵前二―五―三　〒一一一―八七五五
　　　　電話番号　〇三―五六八七―二六〇一（代表）
装幀者　安野光雅
印刷所　三松堂印刷株式会社
製本所　三松堂印刷株式会社


ISBN978-4-480-09827-6　C0180